Wir hörten den Vogel singen

Wir hörten den Vogel singen

Meisterliche Weisheit
von und mit Anthony de Mello

Herausgegeben von
Aurel Brys und Joseph Pulickal

Aus dem Englischen
von Bernardin Schellenberger

HERDER

FREIBURG · BASEL · WIEN

Titel der Originalausgabe:
We heard the Bird sing –
Interacting with Anthony de Mello.
Von Aurel Brys & Joseph Pulickal
© Gujarat Sahitya Prakash, Anand/India
Illustrationen: Eustace Fernandes

»Die Bücher von Anthony de Mello wurden in einem multireligiösen Kontext verfasst und sollten Anhängern anderer Religionen, Agnostikern und Atheisten eine Hilfe bei ihrer geistlichen Suche sein. Sie sind, entsprechend dieser Intention des Autors, nicht als Darstellungen des christlichen Glaubens oder als Interpretationen katholischer Dogmen zu verstehen«

(X. Diaz del Rio S.J., Gujarat Sahitya Prakash).

Umschlaggestaltung: Finken & Bumiller, Stuttgart

Alle Rechte vorbehalten – Printed in Germany
© Verlag Herder Freiburg im Breisgau 2003
www.herder.de
Druck und Bindung:
fgb · freiburger graphische betriebe 2003
www.fgb.de
Gedruckt auf umweltfreundlichem,
chlor- und säurefrei gebleichtem Papier
ISBN 3-451-27785-9

INHALT

Zur Einführung

Als ich das Esszimmer betrat, in dem Anthony de Mello und rund zwanzig andere beim Abendessen saßen, war ich ziemlich aufgeregt. Später sagte mir Anthony, er habe gar nicht gemerkt, wie nervös ich gewesen sei, sondern sich unbefangen gefreut, mich zu sehen. Merkwürdig, dachte ich.

Das war unsere erste Begegnung. Damals in Sadhana, dem von Anthony gegründeten »Zentrum für Spiritualität und Lebensberatung«, schlug ich mich mit einer ganzen Reihe persönlicher Probleme herum. Das war allgemein bekannt, so dass, wenn in der Runde einmal der Gesprächsstoff ausging, die anderen mich neckten: »Joe, bring ein Problem auf den Tisch!« Und jedes Mal hatte ich auch tatsächlich eines parat. Als hätte das nicht schon gereicht, bekam ich auch Probleme mit Anthony: mit seinen Ansichten, seiner Art – und mit allem, was sich dann doch zu einer intensiven Freundschaft zwischen ihm und mir auswuchs.

Mir schien, er freute sich regelrecht auf die Diskussionen – ernsthafte Diskussionen –, die wir nach seinen Seminaren führten, und ich genoss es dann auch später immer wieder, wenn wir uns trafen.

Die Schwierigkeiten und genauso die Zuneigung zwischen uns hielten bis zum Schluss an. Mir war wegen der Schwierigkeiten unwohl; er dagegen schien jeden unangenehmen Zwischenfall unverzüglich wieder zu vergessen. Anthony sah in mir all das Gute, das ich selbst nicht zu sehen vermochte; das Dunkle, das mich plagte, machte ihm nichts aus.

Als er gestorben war, spürte ich den dringenden Wunsch, etwas »für« ihn zu tun. Aber was? Nach und nach verblasste dann dieser Wunsch. Jedoch kam mir im März 1992 unerwartet die Idee zu diesem Buch. Ich besprach sie mit Aurel Brys, Leela Kottoor und Isabel Martin. Sie sprangen unverzüglich darauf an. Aurel und ich machten uns ans Werk.

Einige Zeit später sagte ich zu Aurel: »Ich bin jemand, der dazu neigt zu warten, bis der Sturm von sich aus den Anker lichtet; du dagegen sagst eher: Wenn kein Wind aufkommt, rudern wir eben drauflos und machen das Schiff auf diese Weise flott!« Hätte Aurel nicht das Schiff flottgemacht und so kräftig gerudert, wäre es beim bloßen Gedanken an dieses Buch geblieben!

JOSEPH PULICKAL

❧

Auf unser Rundschreiben an Menschen, ob sie bereit seien, uns eine Schilderung zu geben, wie Anthony ihr Leben berührt und verändert habe, bekamen wir zahlreiche spontane Zusagen. Beim Lesen all der Beiträge, die dann eingingen, überkam mich das Gefühl, auf »heiligen Boden« zu geraten. Es war eine Vielzahl unterschiedlicher Berichte darüber, wie hilfreich und anregend die Begegnung mit Anthony für diese Menschen gewesen war. Er hatte in ihnen einen Prozess, eine Entwicklung in Gang gesetzt oder in ihnen beschleunigt und damit die Qualität ihres Lebens spürbar verbessert. Diese persönlichen Schilderungen führten mich zu mir selbst zurück und ich begegnete Anthony noch einmal ganz neu.

Mir ging auf, dass der Geist Anthonys in diesen Menschen lebendig fortlebte und weiterwirkte. Sie hatten im Lauf der Jahre eine deutliche innere Befreiung erfahren und gelernt, viel wacher auf die Erfahrungen einzugehen, die ihnen immer wieder im Hier und Jetzt ihres Lebens widerfuhren. Sein Geist lebte in ihrem Wunsch fort, auf ganz neue, tief einfühlsame Weise ihrer Berufung zu entsprechen und ihren Beitrag zu der spirituellen Entwicklung zu leisten, die Anthony in Gang gebracht hatte.

Während der Zeit, in der ich mit Joe diese persönlichen Zeugnisse sichtete, ging mir noch etwas anderes auf: Mir wurde bewusst, dass die Evangelien auf eine ganz ähnliche Weise entstanden sein müssen. Auch deren Verfasser trugen die vielfältigsten Zeugnisse zusammen und versuchten dabei nicht, genau die Person Jesu zu rekonstruieren, sondern vielmehr seinen Geist einzufangen.

So entdeckte und erlebte ich während dieser Arbeit den Geist Anthonys noch einmal ganz neu, was mir half, frisch an den Geist des Lebens selbst, den Geist Jesu zu rühren. Damit hatte sich Anthonys Charisma noch einmal an mir persönlich ausgewirkt.

AUREL BRYS

❧

Worum geht es in diesem Buch? Unser Brief, mit dem wir um Beiträge dazu baten, lautete so:

»Wären Sie bereit, uns einen Beitrag für ein Buch zu Anthony de Mellos Lebenswerk zu schicken?

Anthony hat im Lauf seines Dienstes das Leben sehr vieler Menschen an vielen Orten angerührt und spürbar verändert. Wenn seine Wirkung so stark war, muss der Grund dafür sein, dass er etwas von bleibendem Wert erschloss und es fertig brachte, dieses in neuer Frische und Kraft zu vermitteln. Wir möchten etwas davon einfangen und weitergeben.

Erinnern Sie sich persönlich an die ganz besondere ›Wirkung‹ von Anthony de Mello? Vielleicht bei einem Beratungsgespräch, dank seiner spirituellen Begleitung, dank der Therapie bei ihm? Oder aus einer Begegnung, einer gemeinsamen Aktion, einer Diskussion, einer persönlichen Beziehung zu ihm? Oder erinnern Sie sich an eine schlagfertige Antwort, eine Geschichte oder einen Scherz von ihm, der in Ihnen ein besonderes Licht entfacht hat? Wenn ja, dann wäre das genau das, was wir für dieses Buch sammeln.

Anthonys eigene Bücher sind weithin ‚anekdotischen‘ Charakters: Es sind immer Sammlungen von Geschichten, Übungen, Einsichten, humorvollen Skizzen. Auch dieses Buch, das wir mit Anthony planen, soll von dieser Art sein: eine Sammlung von Anekdoten, sozusagen eine Retourkutsche für ihn!

Der Zweck dieses Buches soll nicht sein, Anthonys Größe zu schildern. Es ist nicht als eine Art rühmender Nachruf auf einen ›Helden‹ gedacht. Wir erwarten keine Beiträge, die lediglich die Neugier befriedigen, Bewunderung wecken oder biografische Leckerbissen liefern.

Daher bitten wir Sie also um Beiträge, in denen Begegnungen mit Anthony geschildert werden, bei denen Sie auf-

gerüttelt oder mit frischer Energie erfüllt wurden, sich Ihnen
ein Fenster öffnete, sich Ihnen tiefere Einsichten erschlos-
sen, Sie ›den Vogel singen hörten‹ oder Sie sich ins beredte
Schweigen geführt fühlten. Die Beiträge sollten von der Art
sein, dass sie ihren Lesern ähnliche Erfahrungen erschlie-
ßen.«

Als dann nach und nach die Beiträge eingingen, wurde
uns bald klar, dass die Aufgabe nicht zu bewältigen
war, sie ganz vom »rühmenden Nachruf auf einen
›Helden‹ und von intensiven Gefühlsäußerungen zu
säubern. Wir wurden einfach zu Zeugen eines Damm-
bruchs an Zuneigung, Dankbarkeit und Wertschätzung …

Alle, die uns einen Beitrag übermittelten, schrieben
ungefähr im gleichen Sinn: »Tut mit dem, was ich da
geschrieben habe, was ihr wollt – korrigiert es, fasst
es neu, kürzt es, baut es aus, lasst weg! Ich habe einfach getan, was ich tun musste!« Im Laufe der Bear-
beitung haben wir dann womöglich hier und da einen
Gedanken der Schreiber übersehen oder nicht ganz
richtig wiedergegeben; jedoch gaben wir uns alle
Mühe, das zu vermeiden.

Wir ordneten das Material dieses Buches thema-
tisch so an, dass es ungefähr dem Grundduktus des
Lebens von Anthony entspricht. Innerhalb dieses
ziemlich losen Rahmens fassten wir dann jeweils die
Stücke zusammen, die die gleichen oder ähnliche Themen behandeln. Dagegen hielten wir uns nicht an die
Chronologie des Lebens von Anthony de Mello oder
die zeitliche Abfolge der geschilderten Begegnungen
mit ihm.

Lassen Sie sich von jedem einzelnen Beitrag so beeindrucken wie von der Schönheit einer einzelnen Blume, deren Namen Sie nicht kennen, oder eines Vogels, eines Tieres, einer Ansicht, eines Sterns oder eines Erlebnisses mit anderen Menschen. Was uns in den Niederschriften fehlte, waren Anthonys sprichwörtliche humorige Äußerungen. Was ist Anthony de Mello ohne seine hintergründigen Scherze! Er war, wie in einem der Beiträge formuliert wurde, »ein respektierter Exerzitienleiter und respektloser Sadhana-Leiter, der von sich sagte, am liebsten würde er einmal in dem Augenblick sterben, in dem er einen Witz reiße«. Darum haben wir ein paar seiner humorigen Texte eingestreut. Sie stammen nicht von ihm, sondern aus anderen Quellen. Wir hoffen, sie geben etwas von dem doppelbödigen Humor und der hintergründigen Weisheit wieder, wie das für die pointierten Scherze Anthonys typisch war.

Dann kommt noch ein Kapitel mit der Überschrift: »... so glücklich und so frei ...« Es enthält zum größten Teil Zitate Anthonys, die wir wörtlich aus dem uns zugesandten Material wiedergeben. In Besprechungen seiner Bücher wurde wiederholt vermerkt, der Mensch Anthony sei bis zum Schluss eigenartig verborgen geblieben. Diese Zitate können diesen Menschen ein kleines bisschen mehr offenbaren. Ja, womöglich vermag das sogar unser ganzes Buch zu leisten.

Es war nie unsere Absicht, eine umfassende Synthese der Lebensweisheit Anthonys zu liefern. Auch analysieren wir nicht und werten nicht. Eines jedoch möchten wir ausdrücklich sagen: Anthony stellte vor allem in seinen späteren Jahren nicht das spezifisch christliche Denken und die christliche Frömmigkeit dar; jedoch bot er ein Zeugnis, ein Lebensprogramm an und berührte etliche Fragen, die auch Menschen, die sich um einen ausdrücklich christlichen Weg bemühten, ungemein anregend und bereichernd fanden. Das war und bleibt sein wesentlicher Beitrag.

Die Namen aller, die zu diesem Buch beigetragen haben, sind gleich anschließend in alphabetischer Reihenfolge aufgeführt. Manche haben mehr als einen Beitrag geschrieben. Alle Namen in den Texten selbst sind erfunden. Den Lesern bleibt also unbekannt, wer welchen Beitrag verfasst hat. Wir bedanken uns bei den Verfassern dafür, dass sie uns zum Teil sehr persönliche Erfahrungen anvertraut haben.

J. PULICKAL / A. BRYS

DIE BEITRÄGE STAMMEN VON:

Abe Puthumana, Aurel Brys, Bernadette, Bob Grib, Carlos Valles, Celine, Celene K., C. P. Varkey, Cyriac Muppathy, Delphine, Dina Guha, Dominic George, Estela Cordeiro, Francisca, Frank Stroud, George Ribas, Grace de Mello, Isabel Martin, Isabel Roche, Jacob Madukakuzhy, Jim Dolan, Josita, Joe Mattam, Joe Pulickal, John Bosco, Joe Mekat, Leela Kottoor, Margaret Rodericks, Miriam K., Paul Raj, Ray Jacques, Rex Pai, Sebastian Inchody, Selma, Spiro Camilleri, Stella, Tom Palakudiyil, Vincent Bañón.

☙

Ein Schüler beschwerte sich bei seinem Zen-Meister immer wieder: »Du enthältst mir das letzte Geheimnis des Zen vor.« Und er weigerte sich, dem Meister zu glauben, der das bestritt.

Eines Tages nahm ihn der Meister auf eine Wanderung über die Berge mit. Während sie auf ihrem Weg dahingingen, hörten sie einen Vogel singen.

Da sagte der Meister zum Schüler: »Hast du diesen Vogel singen hören?«

»Ja«, erwiderte der Schüler.

»Also, dann weißt du jetzt, dass ich dir nichts vorenthalten habe.«

»Ja«, sagte der Schüler hierauf.

AUS: ANTHONY DE MELLO, WARUM DER VOGEL SINGT – WEISHEITSGESCHICHTEN.
VERLAG HERDER, FREIBURG I. BR. ¹¹1997.

1

Das Geheimnis,
das wir Leben nennen

Als ich Anthony während eines Seminars über das Gebet in einer der Zwischenzeiten aufsuchte und sein Zimmer betrat, blies er gerade mit einem Strohhalm Seifenblasen in die Luft. »Schau nur diese Seifenblasen!«, sagte er. »Wie anmutig, wie zerbrechlich, wie schillernd sie sind! Und wie sie ohne Widerstand sterben. So möchte ich einmal sterben, frisch und lebendig.«

Anthonys Ausspruch weckte in mir ein Gespür für das Leben, für sein Dahinfließen und seine Unbeständigkeit, sowie den Wunsch, mein Bestes zu geben: mich meines Lebens von Herzen zu erfreuen und anzunehmen, dass es vergänglich ist ...

Einmal schrieb Anthony mir:

»Was ist dieses Geheimnis, das wir als Leben bezeichnen? Wir hängen uns an Menschen, lieben sie innig und müssen uns dann wieder von ihnen trennen ... Johannes 3: das Thema von der Neugeburt ... Wir müssen noch einmal geboren werden ... Der Geist weht, wir wissen nicht woher, er verweht, wir wissen nicht wohin ... Wir werden geboren, nur um getrennt zu werden. Denn darin besteht das Geborenwerden: im Getrenntwerden vom Schoß unserer Mutter. Genauso das Wieder-Geborenwerden: eine Trennung und ein Lebwohl. Unablässig müssen wir uns von denen, die wir lieben,

wieder fortbewegen, müssen immer wieder Lebwohl sagen und uns trennen. Ganz tief, an der Wurzel unseres Wesens, ist jeder von uns letztlich allein. Am Schluss müssen wir uns vom Tod trennen lassen, nicht nur von unseren Freunden und denen, die wir lieben, sondern sogar von unserem Körper und von unserem eigenen Charakter ... Welcher Teil unserer selbst wird bleiben? Vielleicht dieses letzte Stück, an das niemand zu rühren vermag ... das geheimnisvolle, unbekannte ..., das wir ›Geist‹ nennen könnten ... der kommt, wir wissen nicht woher, und geht, wir wissen nicht wohin. Wenn wir mit diesem Geist in Berührung kommen, werden wir wirklich wiedergeboren.«

Unsere Stärke liegt nicht darin, erwachsen, sondern achtsam und wahrhaftig zu sein. Es ist ein Zeichen großer Stärke, wenn man ehrlich sehen und zugeben kann, was man empfindet und im Augenblick möchte, ganz gleich, was es sein mag.

2

Das Beste in sich erkennen

Anthony pflegte über meine Sorgen immer zu lachen und zu mir zu sagen: »Gib es auf, die Mutter Oberin des ganzen Universums zu spielen!«

Wenn ich ihm erzählte, wie bitter es mir aufstoße, dass mich einige so schäbig behandelt hätten, sagte er: »Seine Würde als Mensch muss man wahren. Sei nicht für alle der Fußabstreifer ...« Diese schlichte Wahrheit half mir sehr.

Als ich einmal mit ihm spazieren ging, wollte er von mir wissen, was die Gruppe von ihm halte. Er hörte sich meine Antwort an und wollte dann wissen, was ich selbst von ihm halte. Bei aller Liebe und Bewunderung, die ich für ihn hegte, gab es an ihm doch auch Züge, die ich nicht akzeptieren konnte. Ich nannte ihm diese. Er hörte zu.

Er sprach in starken Worten von der Art und Weise, wie die katholische Kirche ihre Mitglieder kontrolliere. Als ich ihn so reden hörte, fragte ich mich: »Mache ich es genau wie die Kirche und versuche auch ich, die mir Anvertrauten unter Kontrolle zu halten?« Heute kann ich die Kirche realistischer sehen und auch meine eigenen Verhaltensweisen gründlicher überprüfen.

Jedes Mal, wenn ich mit Anthony zusammen war, ging es ihm ausschließlich um mich. Das war ein großartiges Gefühl. Ich konnte mich ihm gegenüber völlig frei und natürlich verhalten. Ich konnte ungehemmt mit ihm sprechen und meine verborgensten Gedanken mit ihm teilen. Nichts vermochte ihn zu überraschen …

Er bestand darauf, ich sollte selbst die Verantwortung für alles übernehmen, was immer ich dachte, fühlte oder tat, statt jemand anderem die Schuld an meinem Unglücklichsein zu geben.

Diese Begebenheiten und viele andere offenbarten mir einen Menschen, der oft Recht hatte, zuweilen falsch lag und über ein hohes Maß an Freude, Einfühlungsvermögen, Weisheit und Liebe verfügte. Dies zu erfahren, ließ mich das Beste in mir selbst erkennen und half mir, daran zu glauben.

3

Gib dir die Erlaubnis,
einfach froh zu sein

Bei einer frühen großen Einkehrzeit in Sadhana
begleitete ich James als Berater. Beim Abschluss wandte Anthony sich an mich mit der Frage:

Was hast du für James getan?

Basil: Es scheint, er ist sich einiger seiner Gefühle
bewusster geworden.

A: Ich habe dich gefragt, was du für ihn getan hast.

B: Ich half ihm, seine Gefühle besser zu verstehen.

A: Was tust du mit deinen Händen? Was fühlst du?

Ich hatte, ohne es zu merken, damit angefangen, mit
meinen Händen auf den Boden zu patschen. Ich war
nervös.

Bei einer späteren Einkehrzeit sagte mir eine Frau aus
der Gruppe, sie empfinde zu mir große Zuneigung
und wolle mich näher kennen lernen.

A: Was fühlst du?

B: Ich habe ein Glücksgefühl ...

A: *Was tust du mit deinen Händen?*

Ohne es zu merken, hatte ich angefangen, auf mein rechtes Knie zu patschen. Ich war nervös. Ich hörte damit auf.

A: *Was tust du mit deiner linken Hand?*

Ich hatte angefangen, auf mein linkes Knie zu patschen. Ich hörte damit auf und verschränkte beide Arme eng vor der Brust.

A: *Was tust du mit deinen Händen? Basil, unterdrück doch deine Freude nicht! Fessle dich nicht so! Versperre dich nicht gegen die Liebe! Lass sie doch voll auf dich wirken! Gib dir die Erlaubnis, einfach froh zu sein! Statt deine Gefühle auszupatschen oder einzusperren, wedle sie jetzt einfach offen heraus. Heb deine Hände hoch!*

Ich hob die Hände hoch und winkte mit ihnen. Ein Gefühl der Freiheit und Freude erfüllte mich und ich fing unbändig an zu lachen.

Eine andere Begebenheit: Anthony bat in der Gruppe, jeder solle die Empfindungen beschreiben, die er gerade verspüre. Als ich das getan hatte, schaute mich Anthony an und sagte:

Hast du gemerkt, dass du nur von Berührungsempfindungen gesprochen hast? Bist du dir bewusst, in welcher Haltung du dasitzt? Bist du dir bewusst, in welcher Stellung deine Beine und Hände sind?

Ich saß ganz verschlossen da. Meine Arme umfassten meine angezogenen, eng zusammengedrückten Beine und meine Hände griffen fest ineinander.

So begann ein Prozess, bei dem ich mir immer deutlicher meiner Gefühle bewusst wurde und auch meines Körpers; ich erkannte immer deutlicher den Zusammenhang zwischen meinen Gefühlen und meinem Tun, ließ mich auf einen Prozess der bewussten Aneignung und Integration ein. Für mich entspricht dieser Bereich ganz dem, was Ignatius von Loyola als die »Regungen der Geister« bezeichnet, die es zu unterscheiden gelte, um dann Entscheidungen zu treffen.

4

Nicht leicht zu akzeptieren

Mitten in unserem Sadhana-Kurs sagte Anthony Folgendes zu mir:

»Ich empfinde dich als sehr lebendig, sprühend und in vieler Hinsicht als recht reif. Doch trotzdem war mir bei dir etwas unwohl zumute, und jetzt weiß ich warum. Meine Liebe, du bist ein typischer Teenager, der die Männer rechts und links und oben und unten der Reihe nach verführt. Da wunderst du dich, warum dir die Männer auf Schritt und Tritt folgen!« Das war nun allerdings ziemlich stark und nicht leicht zu akzeptieren, denn ich hatte mich selbst schon als halbe Heilige betrachtet.

Von der nächsten Sitzung an scheute Anthony keine Mühe, mich ständig auf meine verführerischen Strategien hinzuweisen: auf meine Blicke, mein Posieren, die Wahl meiner Worte, um meine Gefühle mitzuteilen usw. ...

Eheberater zu einer weiblichen Klientin: »Vielleicht ist Ihr Problem, dass Sie morgens immer brummig aufwachen.«
Klientin: »Nein, ich lasse ihn immer schlafen.«

5

Und das wahre Selbst kommt ans Licht

Jim gibt sich alle Mühe, weil er unabhängig werden und sein eigenes Leben führen will. Er möchte aber auch seine vielen Freunde nicht enttäuschen.

A: *Lass dich bewusst auf diesen Schmerz ein, ganz allein zu leben, deine eigene Wahrheit zu verwirklichen und dadurch deine Freunde vor den Kopf zu stoßen.*

J: Na ja, es wird immer jemand geben, der mich liebt.

A: *Du beschwichtigst dich, lässt dir ein Schlupfloch offen. Lass dich wirklich auf den Schmerz ein, ganz allein zu leben. Mach niemandem einen Vorwurf, dich aufzugeben. Verweile in diesem Schmerz.*

J: Ich wollte, ich wäre jetzt nicht ich.

A: *Spüre den Schmerz, ganz deinen eigenen Weg einzuschlagen. Wenn du anderen die Schuld daran gibst, fühlst du dich vielleicht etwas wohler, aber du kneifst dann vor diesem Schmerz.*

J: Mir ist plötzlich eingefallen, dass ich in meiner Provinz und bei meiner dortigen Arbeit völlig selbstständig sein werde.

A: Wieder kneifst du und beschwichtigst dich mit Sprüchen. Stelle dir lebhaft vor, du sitzt bei dem, mit dem du zusammen sein willst, und alle anderen sind auf dich böse, weil du nicht sie dafür gewählt hast.

J: Ich fühle mich, als liefe ich davon.

A: Wenn du nachher in deinem Zimmer bist, hör dir das Band mit diesem Gespräch noch einmal an und verweile bei dem Schmerz. Das ist ein regelrechtes Gekreuzigtwerden ... Das Weizenkorn muss sterben ..., und dann folgt die echte Auferstehung und dein wahres Selbst kommt ans Licht. Lass dich davon durch keine Droge abbringen; verringere mit keiner Droge dein wirkliches Leben – weder mit der Droge von Beziehungen, noch der Droge der Liebe. Liebe versüßt das Leben, ersetzt es aber nie. Das tut auch nicht die Droge der Religion oder die Droge Gott. Auch nicht die Droge Geschätzt- oder Gelobtwerden oder die Droge, die Erwartungen anderer zu erfüllen ... Vertiefe dein Empfinden, dass du verwurzelt, daheim bist. Spüre deutlich die Angst, den Schmerz ... und dann die Stärke. Sicher, es schmerzt, diesen Weg ganz allein zu gehen. Aber es gibt keinen anderen Weg.

6

Leben ist Wachstum

»Schmerz ist weder positiv noch negativ: Schmerz gehört zum Leben. Leben aber ist Wachstum, und zu jedem Wachstum gehört als ganz wesentlicher Bestandteil auch der Schmerz.«

Solche Aussagen pflegte Anthony häufig zu machen, vor allem in konkreten Schmerzsituationen, mit denen er uns ringen und viel Energie verlieren sah. Auf diese Weise leitete er mich dazu an, eine höhere Toleranz für den Schmerz und die Widersprüche im Leben zu entwickeln:

»Wenn ich mich mit allen Mitteln gegen den Schmerz immun mache, schließe ich mich selbst vom inneren Leben und vom Weiterwachsen aus, ja vom Leben selbst.«

Als mir erst einmal aufgegangen war, dass ich den Schmerz nicht um jeden Preis vermeiden muss, begann ich, freier zu atmen. Ich fühlte mich wesentlich leichter dazu imstande, die Schmerzen meines Lebens genauer zu erkunden, wie etwa die Trennung von meinen Eltern … Ich erkannte, welche Energie freigesetzt wird, wenn ich lerne, das Unvermeidliche und die Faktoren, die meiner Kontrolle entzogen sind, zu akzeptieren.

Anfangs wies mich Anthony in entscheidenden Augenblicken, in denen ich sehr verletzlich war, ganz deutlich auf diese Wahrheit hin. Später wurde ich mir dessen von mir aus selbst bewusst. Das half mir, mich den sozusagen »eingefrorenen« Bereichen meines

Lebens zuzuwenden. Dadurch zog in sie wieder Leben und Bewegung ein.

»Wenn man sagen kann: Es schmerzt sehr, aber ich kann damit leben, ist das eine Haltung, die neues Leben erschließt.«

»Die Alternative ist: sich abschotten, keinen Schmerz verspüren und tot sein – oder offen, frei und spontan sein und Schmerz empfinden und lebendig sein.«

Als Zeichen der Verbundenheit

In Nordindien gibt es zum Fest *Raksha Bandhan* den folgenden Brauch: Die Mädchen binden ein *rakhee*, ein Amulett aus Blumen oder Schmuckpapier oder eine silberne Schnur, ums Handgelenk ihres Bruders oder Freundes, zum Zeichen dafür, dass sie seine brüderliche Sorge und seinen Schutz erbitten. Wenn er es annimmt, verpflichtet er sich dazu.

In dem Jahr, als ich am Sadhana-Kurs teilnahm, band eine Frau aus der Gruppe allen zehn anwesenden Männern am *Raksha Bandan*-Tag ein *rakhee* ums Handgelenk. Ich brachte zwei *rakhees* mit, band eines Anthony ums Handgelenk, eines einem Freund von mir. Anthony lachte und sagte: »Ja, das ist ganz leicht, jedem ein *rakhee* umzubinden. Dann wird keiner ausgelassen. Aber nicht wahr: Schwierig wird es, sich nur einen oder zwei aus der Gruppe dafür auszuwählen!«

Sei einfach du selbst

»Ich will dir helfen, besser ins Englische hineinzukommen«, sagte Anthony. Wir waren beide Studenten bei den Jesuiten; er war 19, ich 23 und gerade von Spanien gekommen. Und er sagte dann: »Ich möchte dich so weit bringen, dass du nicht nur grammatisch richtig Englisch sprichst, sondern sogar idiomatisch.«

Anthony korrigierte mein Englisch viele Jahre lang. Er verstand dies auf eine Art zu tun, dass ich nie das Gefühl der Unterlegenheit hatte. Es war ein Akt der Liebe.

Als ich später zum Novizenmeister ernannt wurde, hätte ich mir das nie träumen lassen. Anthony lief mir gleich danach über den Weg, lachte wie üblich von Herzen und sagte zu mir: »Du wirst sicher ein hervorragender Novizenmeister. Sei einfach du selbst.« Das half mir, an mich selbst zu glauben.

Als ich später einen wichtigen Posten in der Verwaltung erhielt, meinte Anthony: »Ich glaube, das wird zu viel für dich. Du wirst sicher darunter leiden. Aber sag, wie fühlst du dich damit?«

Ich sagte: »Ich sehe das als Herausforderung an. Ich möchte mich voll hineinstürzen.«

»Nur zu«, erwiderte Anthony, »aber mache dich darauf gefasst: Du wirst im Lauf der Zeit darunter leiden.«

Ich litt tatsächlich darunter.

Ein anderes Mal sagte Anthony zu mir: »In unserer Ausbildung als Jesuiten wird großer Wert auf die Beherrschung der eigenen Gefühle gelegt. Bei dir führt das dazu, dass du so langsam ein Mann aus Stahl wirst. In dir stecken ungemein viele tiefe Gefühle, aber du unterdrückst sie, lässt sie nie heraus. Du lebst dabei nicht dein wahres Selbst.«

Ich fand seine Bemerkung verwirrend und setzte entgegen: »Das weiß ich. Aber wenn ich meine stramme Haltung aufgebe, verliere ich womöglich die Selbstkontrolle. Wenn erst einmal der Damm bricht, reißen mich womöglich meine Gefühle mit sich fort.«

Dann meinte Anthony kühler: »Tu, was du willst. Du musst dich entscheiden: Entweder bist du ein ›Mensch aus Stahl‹ oder ein Wesen mit lebendigen Gefühlen.«

Während unserer Ausbildung kam uns ein Buch mit dem Titel *My Door is Always Open (Meine Tür steht immer offen)* in die Hände. Ich sagte zu Anthony: »Wäre das nicht ein wunderbarer Wahlspruch für uns Priester, wenn wir unseren Dienst antreten?«

Er lachte und meinte skeptisch: »Das mag für Europa stimmen, wo kaum noch jemand von sich aus zu einem Priester geht. Aber hier in Indien ist das anders: Wenn du deine Tür immer offen lässt, fressen die Leute dich schließlich auf.« Tatsächlich kam es so.

Anthony war ein rührend liebevoller Mensch, jemand, der die Stärken und Grenzen anderer genau einzuschätzen vermochte und – ohne an sich selbst zu denken – andere ermutigen oder warnen konnte. Ein Mensch aber auch, der uns frei sein ließ. Und er war mutig, ohne auf Autorität zu pochen, auch wenn er um seine Stärke wusste und um die Gefahr, die in dieser Stärke steckte – ein Freund, ein Philosoph, ein wunderbarer Wegbegleiter.

Einmal sagte Anthony:

»Ein Lehrer lehrt, aber ein Erfahrener leitet dazu an, das Selbst, Gott und die Wirklichkeit zu entdecken. Wir brauchen ›Gurus‹, die Gott erfahren haben, wir brauchen Menschen mit Erfahrung, die andere zur Mystik führen können. Es ist in Ordnung, die Kunst der spirituellen Begleitung, Theologie, Spiritualität usw. zu lernen, aber man darf da nicht stehen bleiben: Werdet Mystiker, Gurus.«

Innere Barrieren abbauen

Einmal war ich zu einem Wochenende nach Sadhana gekommen. Beim Frühstück fragte mich Anthony, warum ich mich so am katholischen Establishment reibe. Ich sagte, meiner Ansicht nach sei es nicht gesund, junge Menschen in einen Orden aufzunehmen und sie auf die Gelübde von Armut, Keuschheit und Gehorsam festzunageln. Ich fiel fast vom Stuhl, als Anthony meiner Ansicht von Herzen zustimmte.

Dann stellte er mir die Frage: »Welche Alternative würdest du empfehlen?«

Ich erwiderte: »Die alte indische Einrichtung der *ashramas*, der vier Stufen für die einzelnen Lebensalter, wo der Mensch erst zum *sanyas* (Mönchsleben) zugelassen wird, wenn er seine Aufgabe in einem eigenständigen Familienleben erfüllt hat.«

Auch hierin stimmte er mir zu und fuhr fort: »Wie könnten wir dies in unser Ordensleben integrieren?«

Bei solchen kurzen Anlässen spürte ich, dass ich es mit einem weisen Menschen zu tun hatte, der tatsächlich weit über die üblichen Kategorien religiöser Denkmuster hinausgekommen war. Er half den Menschen vor allem, die in ihrem Innern vorhandenen psychischen Barrieren abzubauen. Und wenn das geschah, konnte der Strom der Liebe Gottes ungehemmt zu fließen beginnen.

Angst vor Gott?!

Sebastian: Ich habe große Angst vor Gott. Wenn ich mir Gott vorstelle, komme ich mir ganz niedrig, klein und gering vor. Den Menschen erzähle ich zwar von Gottes Barmherzigkeit und Güte, aber ich selbst empfinde Gott gar nicht so.

Anthony: *Wer macht dir Angst?*

S: Gott. Er schaut mich mit einem so bohrenden Blick an, dass mich das am Boden hält.

A: *Wer zeichnet dir dieses Gottesbild vor?*

S: Ich selbst tue das.

A: *Wirklich?*

S: Vielleicht habe ich es von jemandem übernommen und übertrage es auf Gott. Vielleicht ist er wirklich so.

A: *Vielleicht ist er wirklich so!*

S: Dann hätte ich mit meiner Angst Recht: Ja, vielleicht ist er wirklich so. Oder vielleicht projiziere ich bloß dieses Bild auf ihn.

A: Fühlst du dich mit dieser zwiespältigen Auffassung wohl oder hast du Angst?

S: Ich bin immer hin- und hergerissen, mal so, mal so.

A: Was und wer und wie Gott als die tiefste Wirklichkeit ist, weiß ich nicht. Ich setze einen Akt des Vertrauens und erfahre ihn zuweilen als barmherzig. Ja, letztlich könnte er sich als grausamer Scherz erweisen, aber das juckt nicht mich, sondern dich. Möchtest du, dass es dich nicht länger juckt?

S: Gern möchte ich, dass es so wäre, aber ich habe Angst vor dem Loslassen, vor dieser Wende.

A: Dazu bedarf es einer Stärke, die du jetzt gegen dich selbst einsetzt. Sooft du über dich selbst nachgrübelst und Angst bekommst, verleihst du ihr deine Stärke, damit sie dich niederhält. Ijob kämpfte gegen sie an und gewann schließlich. Du sagst dir selbst, du seiest wertlos, und tatsächlich betrachtest du dich als wertlos. Und zahllose Lehrer, Exerzitienmeister, Prediger und was weiß ich bestärken dich in dieser Überzeugung.

»Wenn wir ›Angst vor Gott‹ haben, projizieren wir in Wirklichkeit unsere eigene Grausamkeit und Wut und Stärke auf Gott, den Anderen. Eigne dir diese Stärke an, selbst wenn sie negativ aussehen mag: Das ist deine Stärke. Sei ihrer gewahr, besitze sie, spiele mit ihr Gott, und du kannst deine lähmende Angst durchbrechen. Dann kannst du mit Gott kommunizieren, auf ihn hören und ihn erst wirklich entdecken ...«

11

Die Wut akzeptieren

Ich hatte während der Therapiegespräche mit Anthony und auch von mir aus viel daran gearbeitet, meine Probleme mit meiner Wut in den Griff zu bekommen. Aber immer noch war ich vom Gefühl der Nervosität und Rastlosigkeit gefangen und fühlte mich bedrückt.

Anthony: *Was bedrückt dich?*

T: Es ist etwas, was mich davon abhält, froh zu sein und klare Entscheidungen zu treffen. Es flößt mir Zweifel ein und lässt mich immer alles auf die lange Bank schieben. Immer wenn es nicht da ist, fühle ich mich frei und ruhig.

A: *Sei das, was dich bedrückt, und beginne zu reden. Ich werde als dein bedrücktes Ich reden.*

T: Mir kommt das Bild meines Vaters ...

A: *Lass es dein Vater sein oder was auch immer. Versetze dich voll und ganz in die Rolle des Unterdrückers.*

T: Ich weiß, was für dich gut ist. Führe dein Leben so, wie ich es dir sage. Ich bin der Chef. Ich bestimme. Tu nur und immer das, was ich dir auftrage zu tun. Widersprich nicht, sonst kriegst du eins drauf!

A: Nein, ich gehorche dir nicht.

T: Dann kriegst du eins drauf. Sei nicht so frech!

A: Nein, du bist mir egal. Ich lasse dich links liegen.

T: Du kannst es ja mal versuchen. Du wirst schon sehen.

A: Du bist mir egal.

Das ging so eine ganze Zeit lang weiter, und zwischendurch fragte mich Anthony gelegentlich, wie ich mich fühlte. Mein Gefühl wandelte sich nach und nach von Nervosität in Stärke. Als Anthony das sah, sagte er:

»Du hast den Durchbruch geschafft. Du hast Angst vor dem Unterdrücker in dir. Der einzige Weg, von ihm frei zu kommen, besteht darin, diesen Unterdrücker zuzulassen. Wenn du das schaffst, bist du stark und kannst es dir dann sogar leisten, gütig und verständnisvoll zu sein. Wenn nicht, gibst du dich zu stark und zu grob, und die Leute werden dich nicht mögen. Deine bisherigen Übungen haben dir geholfen, in Kontakt mit deiner Wut und mit der Kraft in ihr zu kommen. Du musst dich jetzt unbedingt weiterhin mit der Stärke des Unterdrückers in dir identifizieren. Dann wirst du alles, was du tust, viel harmonischer angehen.«

✧

»Wer den Herumkommandierer in sich selbst wirklich zulässt und entlarvt, kommandiert wahrscheinlich die anderen nicht länger herum. Wer nicht mit ihm vertraut ist, kommandiert und kritisiert. Es ist ganz wichtig, in Kontakt mit der hässlichen Seite des eigenen Wesens zu sein und sie zu akzeptieren.«

12

Lass den anderen so, wie er ist

Während einer Einkehrzeit sagte ich zu Anthony: »Ich kann das Verhalten meines Ordensoberen nicht mehr ausstehen. Er ist ungeheuer parteiisch und voller Vorurteile. Das geht mir maßlos auf die Nerven.« Anthony gab mir zur Antwort:

»Du kannst dieses Problem in drei Schritten angehen. Erstens: Wer hat das Problem? Er oder du? Zweitens: Bist du bereit, dem Mann die Erlaubnis zu geben, sich so zu verhalten, wie er sich verhält? Drittens: Wenn ja – wo ist das Problem?«

Ich sah ein, dass ich das Problem hatte. Dies ließ ich zu. Damit kam ich zum zweiten Schritt. Anthony bat mich, die Gruppe zu verlassen, mit mir selbst allein zu bleiben und mich an die Vorstellung heranzutasten, meinem Oberen die Erlaubnis zu geben, einfach er selbst zu sein. Dabei sollte ich immer wieder in mir erspüren, wie ich mich im Lauf dieses Prozesses fühlte. Ich tat das eine Zeit lang, dann ging ich wieder zur Gruppe hinein. Anthony bat mich zu berichten. Ich erzählte ihm, dass ich mich leichter, freier, stärker fühlte. Meine Erwartungen an meinen Oberen seien verflogen. Indem ich ihm die Freiheit eingeräumt habe, so zu sein, wie er sei, empfände ich selber Freiheit und Stärke.

Viele unserer Verhaltensweisen in unseren Gemeinschaften und bei der Ausbildung kommen aus Intoleranz. Und ein Großteil unserer Predigt und Morallehre ist eine verschleierte Form von Intoleranz.

Was für ein wunderbares, trostvolles Gefühl, wenn man heiratet: Was auch immer kommen mag – ab jetzt hat man immer jemanden bei sich, dem man die Schuld an etwas geben kann!

Sich selbst neu wahrnehmen

Ich vermochte meinem Leben nicht abzugewinnen, was es mir – wie ich durchaus wusste – zu bieten hatte. Im Gegenteil: In zunehmendem Maß empfand ich mein Leben als Bürde und Last. Mit einigen meiner Probleme kam ich nur sehr mühsam zurecht.

Als ich Anthony davon erzählte – gleich als ich ihm zum ersten Mal begegnete –, riet er mir, ich solle mir lebhaft vorstellen, ich säße mit Christus zusammen und er bitte mich, ihm meine wertvollsten Eigenschaften zu beschreiben. Das tat ich. Mir kam es so vor, als redete ich recht ausgiebig von meinen Vorzügen. Hierauf bat mich Anthony, Jesus meine Schwächen und Fehler zu schildern. Auch das tat ich.

Anthonys Kommentar am Ende dieser Übung lautete, ich sei wesentlich geschickter darin, meine Fehler zu schildern, als meine guten Eigenschaften ins rechte Licht zu setzen.

So einfach diese Übung war, bewirkte sie in mir eine entscheidende Veränderung. Sie war der Anstoß, dass ich aufwachte und mich selbst mit ganz neuer Achtsamkeit wahrnahm.

14

Ehrlich sein

Ich war Anfang Fünfzig und seit vielen Jahren ein geachteter Priester der Jesuiten. Bei meiner ersten Aussprache mit Anthony im Rahmen einer längeren Einkehrzeit kam ich auf eine Schwierigkeit zu sprechen, die ich mit einem ganz bestimmten Menschen hatte. Anthony leitete mich dazu an, ganz langsam auch zu meiner Wut zu stehen.

Für mich war die Einsicht überraschend, dass ich voller Wut war und diese gehegt hatte, ohne ihrer gewahr zu werden, und darum lange Zeit diesem Menschen nicht verzeihen konnte. Das zu entdecken half mir sehr. Wenn ich nicht vergeben kann, nagt dies ständig an meiner Substanz. Jetzt bin ich mir dessen bewusst und frei und bereit zu verzeihen.

Eines Tages bat mich Anthony um ein Gespräch. Er sagte mir ganz offen, er fühle sich enttäuscht und eifersüchtig; denn allem Anschein nach sei ich wie verwandelt, seit vor einigen Tagen ein guter Freund von mir eingetroffen sei. Ich musste laut lachen.

»Shanti, mir ist das ernst«, sagte er hierauf. »Mich plagt große Eifersucht. Ich leide darunter. Ich bin ein Neurotiker.«

15

Ängste überwinden

Bei einer Aussprache mit Anthony kam ich auf mein Problem zu sprechen, zu schüchtern zu sein. Er gab mir den Rat: »Mache es dir für die kommende Woche zur Aufgabe, zu Gesprächen die Initiative zu ergreifen oder dich bewusst in Gespräche, die bereits im Gang sind, einzubringen.« Das versuchte ich. Oft gingen die Leute nicht auf mich ein, was ich als schmerzlich empfand. Als ich das Anthony am Ende der Woche berichtete, fragte er mich: »Was tust du dafür, um das zu bekommen, was du dir wünschst?«

In schwierigen Situationen neige ich dazu, mich schwach zu fühlen. Dazu gab mir auch ein Freund in der Gruppe ein negatives Feedback. Und ich saß da – und lächelte dazu. Das ärgerte ihn und die ganze Gruppe. Ich meinerseits fühlte mich von ihnen abgekanzelt und allein gelassen. Mir war es unverständlich, wie sie so sein konnten. Am Schluss der Sitzung sagte Anthony zu mir:

»Dich plagen jetzt Gefühle von Verwirrung, Schmerz und Selbstmitleid. Versuche, dir deiner Selbstgespräche und Konditionierungen bewusst zu werden, die der Grund dafür sind. Geh jetzt nicht in dein Zimmer und weine. Du musst andere Wege finden, dich damit auseinander zu setzen.«

Während einer ganzen Reihe von Gesprächen mit Anthony hatte ich Versuche unternommen, eine tief sitzende Angst vor meiner Mutter zu überwinden. Bei einem der Gespräche wies Anthony mich an, meiner Mutter laut »Nein!« entgegenzuschreien. Ich versuchte es; aber meine Stimme war kaum hörbar. Je mehr mir meine Gefährten zuredeten, lauter zu schreien, desto schwächer wurde meine Stimme. Schließlich sagte Anthony: »Deine Mutter ist in dir sehr stark, nicht wahr?«

Die Lösung liegt in dir

Oft hatte ich den Eindruck, die Leute nützten mich aus, verlangten von mir Unvernünftiges, hätten kein Gespür für meine eigenen Bedürfnisse, Wünsche, Erwartungen usw. ... Das betraf besonders stark meine Freundschaften. Ich legte großen Wert auf sie und hatte trotzdem das Gefühl, sie schränkten meine Freiheit ungebührlich ein. Und ich konnte zu meinen Freunden nie Nein sagen, weil ich ihnen nicht missfallen wollte.

Nachdem Anthony von mir mehrmals dergleichen Äußerungen vernommen hatte, sagte er:

»Willst du wirklich die Wahrheit hören? Du möchtest dich nicht ändern. Was du im Grunde von mir willst, ist, dass ich dir versichere, du hättest Recht, und alle anderen verhielten sich nicht richtig, und der Grund dafür, dass es dir schlecht geht und du leidest, sei bei den anderen zu suchen.«

Einige Tage später, eine Woche vor Weihnachten, streckte mir Anthony eine Plastikplakette hin und sagte: »Das ist mein Weihnachtsgeschenk für dich«, und lachte dazu. Die Plakette zeigte ein kleines Mädchen, das auf dem Topf saß. »Siehst du das kleine Mädchen? Das bist du. Du sch ... nicht und du gehst nicht vom Topf.«

So war die Botschaft ganz eindeutig. Tatsächlich tat ich mich ungemein schwer damit, die Tatsache zu akzeptieren, dass ich selbst der Grund für meine Probleme war und ich mich ändern musste, wenn ich glücklicher werden wollte.

↤

»Hör auf, dauernd Dummheiten zu machen!«
   »Ich mache doch gar nichts!«
   »Endlich siehst du es ein! …«

17

Risiken eingehen

Ich entsinne mich an einen der Aussprüche Anthonys über Jesus und Gandhi:

»Jesus predigte, was er lebte; Gandhi lebte, was er predigte. Die Predigt Jesu war ungemein lebendig, weil seine Lehre aus seiner gelebten Erfahrung erwuchs. Die Predigt Gandhis war logisch und klar durchdacht und folglich hatte sein Leben weniger Anmut – er legte sich zuerst mit dem Verstand zurecht, was er dann in seinem Leben ausführte.«

Ohne Gandhi zu schmälern, gab Anthony Jesus den Vorzug:

»Das Leben und die Liebe gehören denen, die es wagen, sich auf Risiken einzulassen, nicht den bloßen Zuschauern.«

Als besonders eindrucksvolles Beispiel für diesen Prozess empfinde ich das Folgende. Anthony sprach einmal über die Freundschaft zwischen Männern und Frauen unter Ordensleuten:

»Redet nicht bloß darüber, sondern lasst euch auf Erfahrungen damit ein und lernt daraus ... Ich weiß, dass solche Freundschaften oft zu körperlichen Kontakten führen. Betrachtet das als Element des Reifungsprozesses. Aber grundsätzlich bedarf die Freundschaft unter Ordensleuten nicht des körperlichen Ausdrucks. Er kann sogar oft schädlich sein, vor allem, wenn er als Ersatz für einen ehrlichen persönlichen Austausch eingesetzt wird.«

Meine ganz eigenen Reaktionen darauf behielt ich für mich. Einige Jahre danach äußerte ich bei einer Einkehrzeit klipp und klar, von einer Beziehung zu Frauen hielte ich für meine Person als Ordensmann nichts. Anthony stellte mich in Frage: »Du redest von Grundsätzen her, mit dem Verstand. Du bist nicht mit deinen Gefühlen, deinem Herz in Kontakt.«

Mich beeindruckten Anthonys Argumente und die Rücksicht, die er auf meine Entwicklung nahm; jedoch zog ich es weiterhin vor, auf der Ebene des Verstandes zu bleiben und mich nicht auf konkrete Erfahrungen einzulassen.

Jahre später wurde mir klar, dass ich vor einer schrecklichen Wahl stand: entweder ein sarkastischer, intellektueller, stocksteifer Jesuit zu werden oder für die Beziehung zu Frauen in der Weise offen zu sein, wie Anthony das schon vor zehn Jahren kommentiert hatte. Ich entschied mich für das Letztere.

Das war dann kein einfacher Weg. Ich musste meine ganz eigene Art und Weise finden. Mir hat dabei viel geholfen, dass Anthony immer betont hatte, wie wichtig es sei, genau auf seine Gefühle zu achten, im Hier und Jetzt gegenwärtig zu sein, ganz ehrlich auf die eigene innere Stimme zu hören und ganz persönlich die Verantwortung zu übernehmen.

»Es heißt, Liebe mache blind. Aber ich kenne eine ganze Reihe von Leuten, die in ihrer Liebsten doppelt so viel sehen können wie ich …«

18

Mit Volldampf voraus

Einmal sprach ich mit Anthony über meine Beziehung zu einem der Männer in der Gruppe. Das war noch im Anfangsstadium unserer Freundschaft und ich hatte innerlich mit mir zu kämpfen, weil ich mir nicht sicher war, ob ich mich näher auf ihn einlassen, den weiteren Fortgang drosseln oder die Beziehung ganz abbrechen sollte. Nachdem ich Anthony geschildert hatte, wie und wann alles angefangen und wie es sich seither entwickelt hatte, stellte er mir einige Fragen. Nachdem er sich meine Antworten angehört hatte, sagte er: »Mach weiter, mit Volldampf voraus.« Das tat ich.

Jetzt besteht diese Freundschaft schon siebzehn Jahre lang. Dank der Einsicht und Ermutigung, die ich damals bekommen habe, darf ich diese Beziehung heute als eines der größten Geschenke meines Lebens bezeichnen.

Diesbezüglich und auch in anderer Hinsicht hat mir ein Gleichnis viel gegeben, das Anthony einmal erzählte und mit Fragen weiter erhellte:

»In einer kargen Wüstengegend waren Pfirsiche sehr rar. Einigen gottesfürchtigen Menschen dieses Landes wurde in einer Offenbarung das Gebot zuteil: ›Du sollst nicht mehr als zwei Pfirsiche täglich essen.‹ So wurde dies zum strengen Gesetz und lange eingehalten. Schließlich aber gelang es einigen findigen Leuten, die Wüste in einen Garten zu verwandeln. Man pflanzte eine Unmenge Bäume, Pfirsiche gediehen in Hülle und Fülle. Schließlich fielen sie von den Bäumen und verfaulten am Boden. Die jungen Leute begannen, gegen das Pfirsich-Gebot aufzubegehren, aber die Gottesfürchtigen blieben entschieden dabei, sich an dieses Gebot zu halten, denn schließlich sei es von Gott offenbart worden. Manche Leute aßen trotzdem mehr als zwei Pfirsiche pro Tag und fühlten sich schuldig. Andere wiederum, die ebenfalls mehr als zwei Pfirsiche aßen, fühlten sich überhaupt nicht schuldig. Die jungen Leute, die öffentlich behaupteten: ›Es macht überhaupt nichts, wenn man mehr als zwei Pfirsiche pro Tag isst‹, wurden bestraft.«

Anthony legte der Gruppe dann fürs weitere Nachdenken die folgenden Fragen vor:

»Steht dein eigener Moralkodex im Widerspruch zu dem, was dein Verstand dir sagt? Hilft er dir in der Praxis, oder bringt er dir mehr innere Anspannung statt Frieden? Wirst du seinetwegen zu einem Menschen, der weniger liebt und weniger glücklich ist? Widerspricht er dem gesunden Menschenverstand, und wenn ja, wie gehst du damit um?«

19

Überzeugungen loslassen

Ich kam nach vielen Jahren, nachdem ich mit Menschen gearbeitet und Ordensleute ausgebildet hatte, zu Anthony nach Sadhana. Ich konnte auf erfolgreiche Jahre zurückblicken. Ich hatte die Schriften von Johannes vom Kreuz und Teresa von Avila gelesen und sehr geschätzt. Ich war überzeugt, aus einer auf Christus konzentrierten und trinitarisch geprägten Spiritualität zu leben.

In einer der Sitzungen in Sadhana war dann eines der Gesprächsthemen die Freundschaft unter Ordensleuten. Ich äußerte auf meine übliche sichere Art: »Eine solche brauche ich nicht. Ich habe Christus. Der genügt mir.«

Anthony schaute mich an und sagte: »Dein Christus gefällt mir nicht. Er hat dich unmenschlich werden lassen.« Ich fühlte mich ins Herz getroffen. Der Kern meiner Spiritualität, Christus, wurde angegriffen. Und ich, der ich mich unermüdlich um die Armen gekümmert hatte, ich sollte ... unmenschlich geworden sein?

Einige Tage danach beschwerte ich mich bei Anthony: »Du zersetzt alle meine mir kostbaren Glaubensüberzeugungen. Und du lässt mich hilflos im Regen stehen!« Er entgegnete: »So gehe ich nur mit wenigen um.«

In den folgenden Monaten wurden wir von ihm angeleitet, die Tragfähigkeit unserer Glaubensüberzeugungen, unserer Auffassungen und unseres Verständnisses unserer selbst zu überprüfen. Ich erkannte zum Beispiel, dass es nicht stimmte, wenn ich behauptete: »Was die Leute von mir denken, macht mir gar nichts aus.« Es machte mir wirklich viel aus.

Seitdem verlor ich viele meiner bislang liebevoll gehegten Überzeugungen. Mit ihnen verlor ich auch einen Großteil meiner Aggressivität, meiner Abwehrhaltung und meiner Unsicherheit, wohinter ich mich so lange verschanzt hatte. Jetzt empfinde ich ein starkes Gefühl der Freiheit und des Einsseins mit allen Menschen und der gesamten Schöpfung.

Christus und die Dreifaltigkeit sind voll in mein Leben einbezogen, genauso aber auch tief erfüllte Freundschaften und auch Spaß und Spiel.

20

Freundschaft ist wie Tanzen

In einer Sitzung sagte John: »Ich habe einen Freund, dem ich ungemein zugetan bin. Doch zu meiner Überraschung empfinde ich ihm gegenüber hier und da auch Abneigung. Ich überwinde mich, um ihm meine Zuneigung zu zeigen, aber er scheint das oft nur für ganz selbstverständlich zu halten. Immer wieder nagt an mir das Gefühl, ich gäbe einseitig zu viel. Das gefällt mir an mir nicht.« Anthony bemerkte dazu:

»Du bietest zu viel guten Willen und Selbstlosigkeit auf, auch zu viel Spiritualität, und das erschöpft dich. In einer Freundschaft muss man sagen können: Ich nehme dich so, wie du bist, ich stehe zu dir, du kannst auf mich zählen. Aber ich möchte auch, dass du umgekehrt das Gleiche einbringst. Ich möchte, dass zwischen uns Wahrhaftigkeit den Ton angibt.«

»Freundschaft ist wie Tanzen. Wenn du auf der Stelle stehen bleibst, kann ich nicht tanzen. Bleibt das so, dann verlasse ich dich. Meine Freiheit opfere ich dir nicht. Das mag weh-tun, aber das muss dann eben so sein.«

»Wenn du dir eine Beziehung erhalten willst, musst du auch bereit sein, sie aufs Spiel zu setzen.«

21

Sich der Verantwortung bewusst sein

Am Schluss eines langen Retraites gab Anthony den folgenden Rat:

»Enthalte dich bei Einkehrzeiten, Beziehungen zu fördern. Der Versuch, während eines Retraites Beziehungen anzuknüpfen, verstößt schlicht gegen die Berufsethik. Vermeide jede Berührung – das ist gegen die Berufsethik. Unter den besonderen Bedingungen eines Retraites ist der durchschnittliche Teilnehmer stark von dir abhängig. Du kannst ihn weithin nach deinem Belieben manipulieren, ja sogar so weit, dass er sich in dich verliebt. In dem Fall, dass eine andauernde Beziehung beginnen könnte und du dich zu dem betreffenden Menschen hingezogen fühlst und wirklich eine nähere Beziehung zu ihm finden möchtest, könnte sich diese unmerklich anbahnen. Aber sie aktiv anzusteuern ist während der Dauer der Einkehrzeit fehl am Platz.«

22

Erkenne deinen Wert

Unser Sadhana-Kurs ging schon drei Monate, als Anthony in der Gruppe allen Ernstes ankündigte:

»Ich habe beschlossen, dass ich mich ab heute als ganz normaler Teilnehmer der Gruppe verhalte. Außer während der Einzelgespräche oder in ähnlichen Situationen, wo ich ungestört etwas besprechen möchte, sind wir jetzt alle gleich, was das Recht angeht, Gruppenmitglieder anzusprechen, etwas einzubringen oder die Sitzungen zu unterbrechen.«

Ich entgegnete spontan: »Das ist Unfug, Anthony, reiner Unfug. Wie kannst du sagen, du stellst dich mit uns auf eine Ebene, wo du doch sehr wohl weißt, dass du uns etwas zu sagen hast. Was du da ankündigst, ist ein schlechter Spaß.«

Es blieb einen Augenblick mucksmäuschenstill. Dann sagte Anthony ganz scharf zu mir: »Genau das ist dein Problem. Du kannst nicht an deine eigene Stärke glauben. Du traust dich nicht, dein eigenes Potential einzusetzen. Führe dich nicht wie ein kleines Kind auf!« Ich hatte Anthony noch nie so wütend erlebt.

Ich habe lange gebraucht, bis ich einsah, warum er so reagierte. Er hatte Recht. Ich brauchte von Anthony Bestätigung. Ich schaute zu ihm auf, himmelte ihn an. Bei einer Sitzung baten einige Gruppenmitglieder Anthony um sein Feedback gegenüber jedem von uns. Das ließ sich ganz gut an, aber ich wartete angespannt, bis ich an die Reihe käme. Schließlich war es so weit. »Was hältst du von mir, Anthony?« Anthony erwiderte: »Zu dir habe ich nichts zu sagen. Du brauchst meine Bestätigung nicht.«

Das schlug bei mir wie eine Bombe ein. In mir erhob sich ein Sturm ganz unterschiedlicher Gefühle. Es blieb mir selbst überlassen, die Botschaft zu verstehen.

Bei einer Sadhana-Einkehrzeit in Lonavla nahm meine Freundin »Nummer eins« aus früheren Tagen in Sadhana teil, jedoch auch eine andere Freundin von mir. Erstere hatte daher recht gemischte Gefühle und wollte unbedingt von mir wissen, wer von ihnen für mich nun eigentlich die »Nummer eins« sei. Ich weigerte mich, dieses Spiel mit der Nummerierung mitzumachen. Damit gab sie sich nicht zufrieden. Anthony rief uns beide zu sich ins Zimmer.

Wir schilderten einander gegenseitig ganz offen unsere Gefühle und Erwartungen. Aber damit blieb sie immer noch unglücklich. Anthony wandte sich an sie und sagte liebevoll, aber doch fest zu ihr: »Ist dir nicht klar, dass du für niemanden die Zweite bist? Alles kommt doch darauf an, dass dir aufgeht: Deinem Wert nach bist du für niemanden auf der Welt die Zweite.«

Eva: »Adam, liebst du mich?«
Adam: »Wer sonst könnte das tun?«

23

In dir steckt eine große Stärke

Es war bei einer Sitzung während eines Langzeit-Kurses in Sadhana. Eines Tages schilderte ich der Gruppe ein persönliches Problem. Alle fielen dann über mich her. Zum Schluss warf auch Anthony noch eine Sprengladung, die meine gesamte Abwehr zerbrach. Nach dieser Feuerprobe war ich völlig fertig. Ich konnte nichts mehr essen und trinken und musste mich wiederholt übergeben. Ich fühlte mich völlig erschöpft und absolut einsam.

Anthony hatte der Gruppe die strikte Anweisung erteilt, mich auf keinen Fall anzusprechen. Doch ein guter Samariter kam, mich zu trösten. Anthony jagte ihn fort. Tags darauf sagte Anthony in der Gruppe, er möge mich sehr und wisse, dass ich über die Kraft verfüge, diese Art Todeskampf als Durchbruch zum Reiferwerden zu überstehen. Das ungeheuer schmerzliche Schweigen, in das ich verbannt war, offenbarte mir meine irrationalen Vorstellungen. Tatsächlich erwachte ich darin zu einer neuen Einsicht und Weisheit, die mir half, reifer zu werden.

So hatte mir Anthony mit gnadenlos weisem Einfühlungsvermögen auf meisterliche Weise eine Therapie zugemutet, die mich heilte. Sie wurde zum Wendepunkt in meinem Leben.

Ich ließ mich nun von Anthony in der Gruppe thera-
pieren. Nach und nach aber versackte ich zunächst in
einer Art Depression. Das ging so einen Tag lang, zwei
Tage und noch etliche weiter. Die Depression ver-
stärkte sich immer noch mehr. Schließlich wurde ich
auf Anthony ziemlich wütend. Warum half er mir nicht
heraus? Ich ließ ihn eher indirekt als direkt diesen
Groll spüren.

Er sagte jedoch nur: »Ich mag dich sehr. Mir tut es
weh, dich in diesem Zustand zu sehen. Aber in dir
steckt eine große Stärke.«

Ich begann, etwas sehr Wertvolles zu begreifen.

24

Veränderungen wagen

Ich war voll von »ich sollte« und »ich müsste«, und zwar in einem Maß, dass ich stark zu zwanghaft legalistischem Verhalten neigte. Dank etlicher Treffen Anthonys, an denen ich im Lauf der Jahre teilnahm, sowie seiner persönlichen Begleitung konnte ich viele dieser Zwangsvorstellungen, was ich alles »sollte«, loswerden. Er forderte mich immer wieder dazu heraus, die vielen absoluten Imperative, die ich mir selbst gestellt hatte, genauer unter die Lupe zu nehmen.

Zunächst leistete ich seiner Herausforderung energischen Widerstand. Sie bedrohte meine Sicherheit und ich widersprach ihm. Er war geduldig und verständnisvoll, ermutigte mich jedoch, meine Einstellung genauer auszuloten.

Anfangs machten mir die sich daraus ergebenden Konsequenzen ziemlich Angst. Viele alt vertraute Muster auf meinem bisher verfolgten inneren Weg fielen aus. Eine Zeit lang wusste ich gar nicht mehr recht, wohin ich überhaupt unterwegs sei. Doch langsam schälte sich ein neues, tieferes Selbst heraus. Ich spürte, dass ich jetzt mehr von innen heraus gelenkt wurde und stärker auf dieses Innere konzentriert blieb. Die Folge war, dass ich entschiedener selbst die Verantwortung für mein Leben und Handeln übernahm.

Heute fühle ich mich innerlich viel freier, und mehr meiner ureigenen Berufung verbunden.

25

Die Flamme in dir

Bei einer Aussprache während meiner längeren Einkehrzeit entspann sich zwischen Anthony und mir (B)
der folgende Dialog.

B: Die Aussicht, frei zu sein und andere in Freiheit zu
entlassen, wirkt auf mich bedrohlich. Außerdem
gefällt es mir an dir nicht, dass du anderen deine
Ansichten aufdrängst, eine Art Gehirnwäsche be-
treibst und uns in lauter Zweifel stürzt.

Anthony: *Je freier und sicherer ich selbst wurde, desto weniger war ich darauf bedacht, andere zu missionieren. Niemand kann dir Zweifel oder irgendeine Pflicht aufdrängen.
Sage mir ein Gebiet, auf dem du frei sein möchtest.*

B: Von Gott. Ich möchte von diesem Vater-Gott los-
kommen.

A: *Was meinst du damit?*

B: Ich glaube, dass Gott mich liebt und für mich sorgt.
Gleichzeitig aber fühle ich mich mit ihm nicht richtig
wohl. Ich habe Vorbehalte gegen ihn.

A: Stell dir vor, Gott sei eine mythische Gestalt, ein Bild, um damit eine unaussprechliche Wirklichkeit zu veranschaulichen. Verlasse jetzt die mythische Gestalt und geh weiter in Richtung des Unaussprechlichen. Stell dir das ganz plastisch vor, so, als würdest du eine Fahrt durch den Weltraum unternehmen, in Richtung der Wirklichkeit weit jenseits der mythischen Figur. Was passiert da?

B: ... Ich fühle, wie ich fortschwebe ... die anderen sind so weit weg ... Ich habe das Gefühl, stark und kalt zu sein, das Gefühl, es fehlt etwas ...

A: Bleib bei diesem Gefühl der Kälte und des Fehlens und auch der Stärke.

B: ... Ich bin ein Roboter, in dessen Innerem eine heiße Flamme brennt, die heraus möchte.

A: Sei der Roboter mit der Flamme und stelle dich vor deinen Vater hin. Was passiert da? (Wir hatten früher schon meine unaufgearbeitete Beziehung zu meinem Vater besprochen.)

B: ... Wie ich so dastehe, bin ich verwirrt ... auf meinen Vater wütend ... Ich lehne ihn ab ... Ich möchte ihn mit meinem eisernen Arm zur Seite schieben ... und jetzt erlischt die Flamme in mir ...

A: Als du eben vor deinem Vater standest, warst du nicht mehr in Kontakt mit deiner inneren Stärke. Stelle dich wieder vor ihn hin und bleibe dabei bewusst in Kontakt mit der Flamme in dir, mit deiner Stärke.

B: ... Die Flamme möchte stärker werden ... Ich habe Angst ... Ich bin hin- und hergerissen ... Wird er sie ausblasen? ... Ich gebe auf ...

A: *Wiederhole das noch einmal. Stelle dich wieder vor deinen Vater und lass noch einmal die Flamme brennen. Lass dir Zeit dazu.*

Langsam kam ich dahinter, dass meine Abneigungen gegen den Vater-Gott, meinen Vater und auch gegen Anthony innerlich zusammengehörten: Sie wurden von einer ganzen Reihe von Erfahrungen, überkommenen Bildern von Gott sowie Vorstellungen über mich selbst und moralischen und sozialen Überzeugungen und Grundsätzen genährt.

Ich werde mir alles dessen immer stärker bewusst und mache mich in kleinen, schmerzlichen Schritten davon frei. Dabei bin ich von Vertrauen getragen, dass ich auf dem Weg in Richtung des Unaussprechlichen bin, von dem Anthony sprach.

26

Nicht vorschnell handeln

Während einer Einkehrzeit in Sadhana wurde mir deutlich bewusst, dass ich fast zu ersticken drohte: Die Ordensgemeinschaft, der ich angehörte, engte mich furchtbar ein. Als mir das so richtig aufging, erschrak ich zwar über mich selbst und war ganz durcheinander, hatte jedoch stark das Gefühl, die Konsequenz sei, ich müsse diese Gemeinschaft verlassen.

Anthony sagte zu mir: »*Steigere dich jetzt nicht hinein, sondern lass das sich in Ruhe setzen.*«

Das zu tun fiel mir sehr schwer. Ich hätte am liebsten unverzüglich alles in einem Aufwasch bereinigt; aber ich hielt mich an Anthonys Rat.

Dann wachte ich zehn Monate später eines Morgens mit der plötzlichen inneren Gewissheit auf, am richtigen Platz zu sein.

Warum hatte ich meine Gemeinschaft verlassen wollen? Und warum fühlte ich mich jetzt plötzlich in ihr ganz daheim? Nach und nach dämmerte es mir, dass mein Problem nicht die Gemeinschaft war, sondern meine Mutter. Während der vergangenen zehn Monate hatte ich ziemlich viel Zeit darauf verwendet, dieses Problem aufzuarbeiten. Anthony hatte gespürt, wo die Wurzeln lagen, und mir deshalb geraten, mir viel Zeit zu lassen und nicht vorschnell dem Impuls zu folgen, meine Gemeinschaft zu verlassen.

27

Der Traum

Einmal wühlte mich ein sehr lebhafter Traum auf: Ich betrat eine große Kirche, in der zahlreiche Menschen an einer Messfeier teilnahmen. Nach einigen Minuten wollte ich wieder gehen. Ich ging zu einer Seitentür hinaus und befand mich in einer anderen großen Kirche. Dort beteten einige Menschen. Ich fand es beklemmend, in eine weitere Kirche geraten zu sein. So eilte ich hinaus, landete aber wieder in einer Kirche. Darin war es ganz still, niemand war da. Ich war ziemlich außer mir. Wieder eilte ich durch ein Seitenportal hinaus, und zum vierten Mal geriet ich wieder in eine Kirche.

Diese war kalt, alt und verfallen. Die Wände bedeckte grünes Moos. Vom Altar waren alle Figuren abgeräumt und in einer Abstellkammer untergebracht. Ich bekam Angst. Offensichtlich war ich ausweglos in Kirchen gefangen. Während ich mich nach einer Tür ins Freie umsah, begann sich die Statue des heiligen Paulus in der Abstellkammer zu regen. Sie kam heraus und murmelte wirre Dinge, wie jemand, der nicht ganz bei Verstand ist. Wieder befiel mich eine schreckliche Angst.

Schwer atmend und schweißgebadet wachte ich auf. Sooft ich mir den Traum in Erinnerung rief oder ihn jemandem erzählte, reagierte mein ganzer Körper darauf.

Einige Zeit später fand ich die Gelegenheit, Anthony diesen Traum zu erzählen.

Er fragte mich: »Wie viele Jahre bist du jetzt Novizenmeister?«

Ich sagte: »drei.«

»Und das nächste ist das vierte«, meinte er dann. »Die vier Kirchen bedeuten die vier Jahre deiner Zeit als Novizenmeister. Du hast dich darin ungut verrannt. Tag für Tag bist du einsamer geworden. Im zweiten und dritten Jahr wurden die Menschen um dich immer weniger. Die vierte Kirche dient dir als Warnung. Wenn du nicht Acht gibst, könntest du einen Zusammenbruch erleben ... und zum wirr lallenden Paulus werden.«

Als er mir das sagte, passte plötzlich alles. Ich war als Novizenmeister recht gut, aber ich bezahlte einen hohen Preis dafür. Da ich der erste Novizenmeister des neuen Noviziats war, richteten sich die Augen aller in der Provinz auf mich und das Noviziat. Meine Freunde rieten mir, sehr umsichtig und klug vorzugehen und das Noviziat unbedingt erfolgreich zu führen. So hatte ich mir strenge Verhaltensregeln auferlegt, um ein wirklich guter Novizenmeister zu sein.

Von Natur aus bin ich gern unterwegs und mit anderen Leuten zusammen. Ich hatte meine Ausgänge aber drastisch reduziert und war die meiste Zeit im Noviziat geblieben. Ins Kino ging ich gar nicht mehr. An meiner weiblichen Bekannten hatte ich das Interesse verloren. Mein Inneres sagte mir zwar, ich sei kein Novize mehr und müsse mich deshalb auch nicht mehr an alles halten, was für Novizen gut und sinnvoll sei, aber ich hielt mich trotzdem an alles, um meinen Novizen mit gutem Beispiel voranzugehen. Das alles stresste mich mehr, als ich wahrhaben wollte. Mein Gebetsleben verödete.

Anthony riet mir, entweder mein Amt als Novizenmeister aufzugeben oder meine Lebensweise entscheidend zu ändern.

Meine Aufgabe konnte ich nicht abgeben. So änderte ich einiges an meinem Verhalten. Ich nutzte wieder Gelegenheiten zum Ausgehen, knüpfte wieder Kontakte zu Bekannten und ging auch gelegentlich wieder ins Kino. Etliche der Regeln, die ich mir selbst auferlegt hatte, lockerte ich. Dank all dem kam tatsächlich neues Leben in mich. Ich glaube, ich wurde sogar ein besserer Novizenmeister.

Anthonys Offenheit und Mut, selbst elementarste Dinge in Frage zu stellen, seine Einsichten in die Wirklichkeit und der fernöstliche Anflug seiner Spiritualität brachten in meine Spiritualität eine frische Würze und mir gingen etliche Lichter auf.

28

Warum auf Berge steigen?

Entscheidende Aspekte meines Wachsens in den letzten zwanzig Jahren waren mein Freiwerden von fixierten religiösen Vorstellungen, einem rigiden Gottesbild und einer engherzigen Moral. Maßgeblich gefördert wurde das dank meiner Einkehrzeiten in Sadhana, bei denen Anthony auf vielfältige Weise genau diese Themen immer wieder ausführlich behandelte.

In diesen Zeiten und bis an sein Lebensende zitierte Anthony immer wieder und gern einen Autor, der dem Sinn nach geäußert hatte: »In meinem langen Leben musste ich viel Schweres durchmachen, aber zum Glück gehörte dazu nicht die Religion.« Anthony pflegte zu sagen:

»Muss man denn wirklich unbedingt durch die Religion dazu angestachelt werden, bestimmte Missstände zu erkennen und dagegen etwas zu unternehmen? So viele unserer Ermahnungen, Aufforderungen, Predigten, Moralvorschriften usw. dienen dem Zweck, uns zur Aktion anzufeuern, uns aufzurütteln, Gutes zu tun. Oft hilft man seinem Nächsten, ›weil Jesus einen dazu anweist‹, ›um Jesu willen‹, ›weil er das auch getan hat‹, ›weil das so in der Heiligen Schrift steht‹, ›weil es eine Sünde wäre, nicht zu helfen usw.

Aber braucht man denn wirklich diesen dauernden künstlichen Anreiz durch die Religion, um ein einfühlsamer

Mensch, um menschlich zu werden? Ich finde es viel gesünder, wenn man sich einfach von der Wirklichkeit, die man vorfindet, dazu motivieren lässt, also von dem, was man sieht und hört.«

Ich habe oft festgestellt, dass meine Schuldgefühle, meine Wut oder meine Rastlosigkeit genau genommen von bestimmten, so genannten religiösen Vorstellungen ausgelöst wurden. Anthony half mir, das mutig und genauer in Augenschein zu nehmen und mich davon zu befreien:

»Ein guter Teil unserer negativen Gefühle und Probleme, wie Unzufriedenheit, Schuldgefühle, Rastlosigkeit, Gefühle der Unzulänglichkeit usw. stammen daher, dass wir infolge unserer moralistischen Prägung uns ständig selbst dazu aufpeitschen, uns zu bessern und etwas zu leisten. Diese Gewalttätigkeit in unserem Inneren führt zur Gewalttätigkeit im Äußeren.

›Sich selbst zu sterben‹ ist für das spirituelle Reifen von entscheidender Bedeutung; aber allzu oft tun wir nicht das, sondern plagen uns zu Tode – eine verhängnisvolle Verwechslung. Eine Religion, die darauf versessen ist, uns zu bessern, macht uns schließlich schlechter. Eine Religion dagegen, die als frei machend erlebt wird, bessert uns, denn sie schürt nicht diesen inneren Konflikt.«

»Warum ich auf die Berge steige? Weil sie da sind.«
»Aus dem gleichen Grund gehen alle anderen um sie herum.«

Lass alles los

Eine lange Einkehrzeit machte ich einmal mit Anthony. Seine täglichen Meditationen bescherten mir eine Fülle an Einsichten und Herausforderungen. Gegen Ende der zweiten Woche hielt er einen Vortrag über das Gebet des Glaubens oder der Stille, der mich sehr berührte. Als ich ihm das sagte, erwiderte er nur: »Höre mit dem Meditieren auf.«

Ich verstand nicht recht, was er damit meinte. Bei meiner nächsten persönlichen Aussprache mit ihm wies er mich an: »Lass alles weg: das Denken, das Vorstellen, das Aussprechen usw.« Dies versetzte mich für etliche Tage in reine Frustration und Hilflosigkeit, bis es zu einem unerwarteten Durchbruch kam: Mir wurde ohne irgendein Bemühen meinerseits eine eindringliche, lange und tiefe Erfahrung zuteil.

Selbst jetzt noch, nach zwanzig Jahren, bin ich Anthony zutiefst dankbar dafür. Er hörte mir zu, verstand mich, schritt zur richtigen Zeit ein. Dies hat sehr langfristig bei mir weitergewirkt, weit über meine Einkehrzeit hinaus, und hat nach und nach alle Seiten meines Seins und Lebens erfasst.

30

Werdet Mystiker

Während einer der Gesprächsrunden in Sadhana schilderte Sushila ihr Problem, immer wieder in tiefe Depressionen zu fallen. Anthony ging zunächst auf sie persönlich ein und sprach dann vor der ganzen Gruppe über verschiedene Möglichkeiten, aus einer Depression herauszukommen. Dann schwieg er und schaute Sushila an.

Plötzlich fragte er sie: »Hat sich Gott aus deinem Leben zurückgezogen?« Sie begann zu weinen. Schließlich erzählte sie, Gott sei ihr einmal sehr nahe gewesen, doch sei er aus ihrem Leben verschwunden, weshalb ihr jetzt alles so leer vorkomme. Die Gruppe schwieg und war tief bewegt.

Später sprach Anthony dann zu uns über spirituelle Depressionen, die etwas anderes seien als psychologische Depressionen. Jemand aus der Gruppe fragte Anthony, wie er zu dem Schluss gekommen sei, dass es sich bei Sushila um eine spirituelle Depression handele. Er gab nur zur Antwort: »Tief innen habe ich das gespürt.«

31

Abschied nehmen

Einmal sagte ein Priester während einer Gesprächsrunde zu Anthony, ihn bedrücke ein Gefühl der Traurigkeit, er könne aber den Grund dafür nicht ausmachen. Dieses Gefühl überkomme ihn seit den letzten drei oder vier Jahren immer wieder. Anthony forderte ihn auf: »Sag‹ mir unterschiedslos alles, was dir über die letzten fünf Jahre deines Lebens einfällt.«

Der Priester erzählte rund zwanzig Minuten lang alles Mögliche. Ich vermochte darin keinerlei Anhaltspunkt für seine Traurigkeit zu finden und die anderen auch nicht. Als er fertig war, bat ihn Anthony, einen bestimmten Satz, den er vor ungefähr zehn Minuten gesagt habe, noch einmal zu wiederholen. Er wiederholte: »Ich erhielt jäh den Versetzungsbescheid und sollte meine neue Stelle binnen drei Tagen antreten. Ich trat sie schon nach zwei Tagen an.«

Hierauf fragte ihn Anthony: »Bist du nicht traurig darüber, dass dir keine Zeit blieb, dich von den Menschen zu verabschieden, die du doch so sehr mochtest?«

Der Mann begann zu weinen.

↬

Was ist Kontemplation?

Ich fragte Anthony: »Was ist Kontemplation?« Er sagte keinen Ton. Wenige Tage danach saßen wir gemeinsam beim Nachtessen an einem See. Das Licht des Vollmonds spielte auf den leise sich kräuselnden Wellen. Wir saßen in absolutem Schweigen da, als gebe es sonst nichts auf der Welt: Darüber vergaßen wir fast, unser mitgebrachtes Essen zu verzehren.

Als wir schließlich aufstanden, um heimzugehen, wandte sich Anthony mir zu und sagte: »Also, was ist Kontemplation ...?«

Eines Nachmittags saßen wir unter den Bäumen vor dem alten Gebäude in Sadhana und diskutierten über verschiedene Themen. Plötzlich sprang Whitey, unser Hund, der in der Nähe geschlafen hatte, hellwach auf und bellte einen Affen oben im Baum an. Er war absolut auf ihn konzentriert und seine Augen registrierten dessen leisesten Regungen. Nichts anderes auf der Welt existierte für ihn als dieser Affe.

Anthony fragte mich anschließend: »Hast du Whitey gesehen ...?«

Anthony und ich machten später miteinander einen Spaziergang und setzten uns auf einem kleinen Hügel unter einen Baum. Wir plauderten über alles Mögliche oder genauer: Ich plauderte munter drauflos, mehr vom Kopf her als aus dem Herzen. Anthony hatte mich schon öfter auf diese meine Art aufmerksam gemacht, aber ich vergaß mich immer wieder.

Schließlich kamen wir auf das Thema »Achtsamkeit« zu sprechen. Plötzlich sagt er:

»Lass jetzt dein Reden. Höre, sieh, erspüre die Schönheit dieses Ortes, der Bäume, der Geräusche ... der ganzen Umgebung. Alles hat dir eine Menge zu sagen.«

Unser Gespräch verstummte. In mich zogen Frieden und Schweigen ein.

Sadhana – A Way to God

Anthonys Buch »Sadhana – A Way to God« war gerade erschienen. Mit einem Augenzwinkern erzählte er mir, er stelle sich lebhaft vor, wie die Leute das Buch kauften, um zu erfahren, worin nun eigentlich der Sadhana-Kurs bestehe, und dann enttäuscht würden. »Die meinen wahrscheinlich, wir beten pausenlos«, meinte er lachend.

Nein, Sadhana, wie ich es erfahren habe, bestand nicht aus pausenlosem Beten, sondern es geht dabei darum, von innen her die Wirklichkeit anzuschauen. Oder wie es ein Teilnehmer ausdrückte: »Sadhana handelt vom Göttlichen des Lebens, von spirituellen Themen, vom Wachsen, vom Menschsein – und das alles auf dem Hintergrund des ganz konkreten Alltagslebens.«

Hast du es jemals jemandem gesagt?

Eine Gesprächsrunde bei einem kurzen Kurs in Sadhana wurde für mich zu einem Wendepunkt in meinem Leben. Ich hatte Anthony und der Gruppe geschildert, was mich bewegte: dass ich immer das Gefühl hätte, ich würde den anderen mehr Liebe entgegenbringen als sie mir ...

Ich kann Anthonys Antwort nicht vergessen: *»Hast du jemals jemandem gesagt, wie sehr du ihn oder sie liebst?«* Ich sagte: »Nein.«

Darauf erwiderte Anthony: *»Woher sollen die anderen also wissen, wie sehr du sie liebst? Und woher willst du wissen, ob es ihnen umgekehrt mit dir genauso geht? ... Ihr hattet also gar keine echte Kommunikation miteinander.«*

So einfach diese Bemerkung war, sie veränderte mein Leben.

Ich liebe das Beten. Während meiner Stillezeiten bete ich viel und immer intensiv im Stil der Wüstenväter – aber in meinem Alltagsleben hatte ich fast alle meine Gebete aufgegeben. Dieser Widerspruch in meinem Leben beunruhigte mich. Schließlich brachte ich ihn vor der Gruppe offen zur Sprache.

Hierauf lud Anthony mich ein, die Augen zu schließen und dem nachzuspüren, was in mir vorging, während er mir mehrmals den Satz vorsprach: »Ich habe falsch gelegen und mache mir etwas vor.«

Zunächst fühlte ich mich dabei sehr schlecht, dann besser und schließlich vollkommen ruhig, und schließlich sagte ich zu ihm: »Ich spüre zutiefst, dass du mich nicht verstehst; außerdem habe ich das Gefühl, nicht falsch zu liegen.«

Hierauf wiederholte er: »Wir alle sagen dir, dass du falsch liegst und dir etwas vormachst, und alle Fachleute auf dem Gebiet der Spiritualität sagen dir das Gleiche.«

Dann fragte er mich wieder, was ich dabei gespürt hätte.

»Zuerst fühlte ich mich schlecht, dann immer ruhiger und dann vollkommen ruhig. Ich spürte immer deutlicher, dass ihr alle nicht richtig erfasst habt, wie mein Beten genau aussieht.«

Anthony fügte dann nichts mehr hinzu. Diese Übung verhalf mir zu größerer Tiefe in meinem Leben und Beten.

35

Möchtest du meditieren?

Ich meditiere nicht regelmäßig. Dennoch verspüre ich stark den Wunsch dazu. Ja, sooft ich es fertig bringe zu meditieren, fühle ich mich sehr wohl. Dennoch tue ich es selten. Plagt mich die Vorstellung: »Beten ist doch Pflicht! Als Ordensfrau müsstest du mehr meditieren und beten«? Ich glaube nicht. Soweit ich sehe, bin ich nicht von solchen »man müsste« und »man sollte« beherrscht.

Anthony: *Möchtest du heute meditieren?*

D: Ja.

Anthony: *Wann? Zu welcher Zeit? An welchem Ort? In welcher Körperhaltung?*

Als ich so definitiv vor der Entscheidung stand, ob und wie ich meditieren oder beten wolle, wurde ich nervös und ratlos. Hierauf sagte Anthony:

»Du verspürst ehrlich den Wunsch. Aber du bleibst nicht lange genug ruhig, um diesen Wunsch in seiner vollen Stärke hochkommen zu lassen, sondern zerstreust dich immer gleich wieder. Setz dich jeden Tag fünf Minuten lang hin und lass dir deutlich deinen Wunsch zu Bewusstsein kommen, wie du das vor einiger Zeit gemacht hast.

Dann frage dich: ›Was spielt sich da ab? Was habe ich davon? Was möchte ich damit erreichen?‹ usw. Lass den Wunsch in seiner ganzen Stärke, Deutlichkeit und Vernünftigkeit hochkommen. Dann verlieren die Zerstreuungen und Ablenkungen ihre Kraft. Du kannst dann tatsächlich meditieren und nimmst den Aufwand dafür gern in Kauf. Gib dem aufgerührten Teich die Zeit, bis sich alles setzen kann, dann wird sein Wasser für dich klar. Das wird dir gefallen … Und du wirst meditieren und beten können.«

36

Wahrheit

In der Spiritualität des IGNATIUS VON LOYOLA ist die
Erfahrung von zentraler Bedeutung. Anthony war es
ein großes Anliegen, bei seiner persönlichen Suche
und in seinen Unterweisungen diese Dimension der
Erfahrung in den Mittelpunkt alles Suchens und Rin-
gens um ein reiferes Leben zu rücken.

Im Rückblick auf meine lange Bekanntschaft mit Anthony seit unserer gemeinsamen Studienzeit und der
Arbeit in Sadhana, bei Seminaren und persönlichen
Gesprächen treten mir einige Dinge ganz deutlich
vor Augen: seine Aufforderung, ganz im jeweiligen
Augenblick zu leben, die zentrale Rolle der persönlichen Erfahrung und seine unermüdliche Wahrheits-
suche.

Bei der »Wahrheit« handelt es sich nicht um begrif-
flich zu erfassende »wahre Aussagen«, sondern um die
persönliche Wahrheit eines Menschen, wie sie sich
ihm durch das Leben selbst erschließt. Das Suchen
nach dieser Wahrheit und ihrer Erfahrung weckt Kräfte, die schließlich das eigene Leben stark verändern.

Dieser Aspekt der Wegweisungen Anthonys stellte für
mich eine gewaltige Herausforderung dar und tut es
immer noch.

37

Glaubensüberzeugungen

Ich habe mein Theologiestudium in den Jahren kurz nach dem II. Vatikanischen Konzil absolviert. Was ich dabei über Glaube und Offenbarung lernte, regte mich ungemein an; es half mir, weit über das bloße Formulieren und Verstehen von begrifflichen Wahrheiten hinauszukommen. Später erhielt ich eine noch wichtigere Anregung durch den Hinweis von Anthony, dass »Glauben« etwas anderes ist als das Glauben bestimmter Wahrheiten – wirk-licher Glaube hängt ganz eng mit unserer gelebten Erfahrung zusammen.

Man kann seine eigene Lebenserfahrung ohnehin nicht leicht in Worte oder Begriffe fassen; noch mehr entzieht sich der Glaube der exakten Umschreibung. Mit »Glaubensüberzeugungen« lässt er sich nicht eingrenzen.

Diese Erkenntnis sickerte tief und nachhaltig in mich ein. Sie führte dazu, dass ich tiefen Respekt vor der je persönlichen Erfahrung bekam, diese mit Ehrfurcht auslotete und die Tiefen entdeckte, die mich dabei erwarteten. Mein Lesen in der Heiligen Schrift wurde dadurch viel lebendiger und ich entdeckte darin unendlich mehr Substanz. Jetzt konnte ich auch voller Vertrauen mein eigenes Glaubenssystem kritisch unter die Lupe nehmen. Ich lebte immer stärker aus dem wirklichen Glauben.

Annehmen können

Nachdem Anthony mit mir einige Zeit Gespräche geführt hatte, entdeckte er meine Neigung, Situationen und Menschen zu »korrigieren«. Er schaute mir in die Augen und sagte:

»John, erst dann wirst du echten Frieden und ›Erlösung‹ erlangen, wenn du die Welt und jeden Menschen annimmst, und zwar mit dem Maß an Vollkommenheit, das die Welt und der einzelne Mensch gerade jetzt haben. Daran gibt es nichts zu korrigieren und nichts besser zu machen. Wenn du dir das ganz klar machen kannst, findest du zum inneren Frieden.«

Bei verschiedenen Gelegenheiten und auf unterschiedliche Weise kam Anthony immer wieder auf dieses Thema »Erlösung ist jetzt« zurück.

Respektvolles Schweigen

Es war am Tag vor dem Ende eines längeren Kurses in Sadhana, als eine Frau in unserer Gruppe eine persönliche Schwierigkeit zur Sprache bringen wollte. Anthony hörte ihr geduldig zu und machte sie anschließend auf eine Inkonsequenz in ihrem Verhalten aufmerksam. Als sie sich zu verteidigen begann, sagte er ihr offen ins Gesicht, sie habe sich während des ganzen Kurses davor gedrückt, sich persönlich wirklich einzubringen.

Er war sehr deutlich und blieb ungemein sachlich. Zum Schluss stellte er sie vor die Wahl, ob sie weitermachen wolle oder nicht. Wir hofften alle, sie werde den Sprung schaffen. Nach einigem nervösen Überlegen lächelte sie und sagte: »Ich will das später fortsetzen.«

»Beim persönlichen Beratungsgespräch kann das Schweigen ein sehr wirksames Mittel sein, um verborgene Widerstände zu brechen. Ich halte es für einen der kostbarsten Beiträge zum Menschsein. Man muss in respektvollem Schweigen auf den Augenblick warten, in dem der andere bereit ist. Das ist keinesfalls eine Zeitverschwendung.«

40

Können sich Menschen
wirklich ändern?

Als Oberin meines Ordens schickte ich eine ganze Reihe meiner Schwestern zu Anthony, damit er ihnen helfe. Für manche war das ein großer Gewinn; andere schienen anfangs viel davon zu haben, erlebten später aber wieder einen Rückfall. Das enttäuschte mich sehr. Zudem bezweifelten auch manche, ob es so klug von mir sei, die Schwestern außer Haus nach Sadhana zu schicken.

Eines Tages sprach ich darüber mit Anthony und fragte ihn: »Können sich Menschen wirklich ändern? Lassen sich ihre grundlegenden Dispositionen ändern?« Er sagte hierauf:

»Je älter ich werde, desto mehr finde ich mich mit der Tatsache ab, dass die Menschen so sind, wie sie sind. Am besten wäre es wohl, dies zu akzeptieren und damit leben zu lernen. Ich denke, ein Großteil unserer Probleme rührt daher, dass wir verlangen oder erwarten oder hoffen, dass Menschen sich ändern. Das tun sie nicht.«

Psychiater: *»Ich habe Sie jetzt sechs Monate lang behandelt. Jetzt sind Sie geheilt. Ihr Größenwahn ist behoben, und Sie meinen nicht mehr, Sie seien Napoleon.«*

Patient: *»Wunderbar! Ich muss schleunigst heim und diese frohe Nachricht Josephine bringen.«*

41

Souverän und frei

Ich hatte gerade ein Buch fertig gestellt und bat Anthony, dazu ein Vorwort zu schreiben. Er sagte unverzüglich zu, bat mich, ihm mein Manuskript dazulassen und versprach, er werde seinen Text direkt an den Verlag schicken.

Dieser Text traf beim Verlag nie ein. Stattdessen erhielt ich schließlich von Anthony einen Brief, in dem er mir schrieb: »Ich habe es mir anders überlegt. Dein Buch verdient ein besseres Vorwort als das, was ich dir zurzeit schreiben könnte. Aber eigentlich braucht es gar keines. Es wird sich auch so gut verkaufen.«

Ich wusste, dass ich mich eigentlich schlecht behandelt fühlen und enttäuscht und verärgert sein sollte, aber das gelang mir irgendwie nicht. Anthony hatte für mich etwas Wichtigeres getan, als ein Vorwort zu schreiben: Er hatte mir nahe gebracht, dass er ein souverän freier Mensch war, sogar frei von seinem einmal gegebenen Wort. Ich musste schmunzeln. Diese Lektion war mir kostbar.

In der Welt des Geistes

Nach einem Jahrzehnt als Priester fühlte ich mich vom Priesterleben und seiner Verwirklichung im Jesuitenorden enttäuscht. Ich war so gut wie entschlossen, aus dem Orden auszutreten. Als letzten Versuch, »meine Berufung zu retten«, schlug mir der damalige General Arrupe vor, unter Anthonys Anleitung die »Großen Exerzitien« zu halten. – Von der Person Anthonys war ich stark beeindruckt, vor allem von seiner Liebe zur Armut und seinem einfachen Lebensstil. Er regte mich derart an, dass ich im Orden blieb.

Meine zweite Begegnung mit ihm hatte ich während eines einmonatigen Kurses in Pune/Indien. Im Lauf dieses Kurses ging mir auf, dass ich mir über mich selbst zu große Illusionen machte, über andere zu große Vorurteile hegte sowie vielen falschen Gottesbildern anhing. Das führte mich schließlich in eine ganz neue Freiheit und nahm mir in hohem Maß meine Ängste – eine Erfahrung, wie ich sie noch nie erlebt hatte.

Dann gab es einen anderen einschneidenden Abschnitt in meinem Leben. Ohne Anthonys ständige Ermutigung hätte ich womöglich eine riskante Operation am offenen Herzen gar nicht überlebt. Während meiner Genesungszeit im Krankenhaus hielt Anthony in der Nähe ein Seminar. Er fand die Zeit, mich zu besuchen und verbrachte zwei Abende bei mir im Krankenhaus. Diese einfühlsame Geste der Weggemeinschaft beeindruckte mich sehr.

Etwas später nahm ich an einem längeren Kurs in Sadhana teil. Was mich besonders beeindruckte, war die deutliche Veränderung, die in Anthony vorgegangen war. Mein Eindruck: Er war jetzt ein Mensch, der sich auf alles wirklich Echte ganz und gar einließ. Er liebte geistreiche Scherze, genoss ein gutes Essen, lachte schallend und kostete jede Minute voll aus, die er mit Menschen oder in der Natur verbrachte. Ich spürte, dass Anthony mit einer anderen Welt eins geworden war.

Zum letzten Mal begegnete ich Anthony am 27. Mai 1987 – kurz vor seinem Tod. Er hatte gerade ein Seminar in Pune beendet. Ich konnte die Erschöpfung in seinen Augen erkennen, sowie in seinem ganzen Verhalten eine Art Ermüdung. Jedoch das ganze Seminar hindurch war er in seinem Element gewesen und hatte jede Minute genossen.

Am 1. Juni erfuhr ich dann, dass er in New York gestorben sei. Am späten Vormittag des 13. Juni stand ich vor seiner sterblichen Hülle. Mir gingen die reichen, vielfältigen Erinnerungen aus den vergangenen dreizehn Jahren durch den Kopf. Das Geheimnis eines ereignisreichen Lebens war nun vom Geheimnis des Todes verschlungen worden ... Er hätte weitere zwanzig Jahre leben können ... War das nun gut oder schlecht – wer weiß das schon? ✧

Der inneren Stimme folgen

Während unserer Besinnungstage in Sadhana sagte
Anthony:

*»Für mich ist Christus jemand, der seinen inneren Anre-
gungen konsequent folgte und sich unablässig an seine innere Stimme hielt. Wir sollten unserer eigenen Berufung
dadurch entsprechen, dass auch wir unermüdlich versuchen,
immer unserer inneren Stimme zu folgen.«*

Diese Worte erschlossen mir eine neue Dimension. Sie
bedeuteten für mich, dass ich mich an meine eigene
Erfahrung und das innere Licht halten sollte. Äußere
Autoritäten sind nicht sakrosankt.

Die Verantwortung für mein Wachsen ruht auf meiner eigenen Schulter.

Religiöse Wirklichkeit

Wir sprachen in der Gruppe über die multireligiöse
Situation in Indien, sodann über all die, die vor dem
Kommen Christi auf der Erde gelebt, sowie jene, die
nach ihm gelebt, aber nie von ihm gehört haben, und
darüber, mit welchem Nachdruck die Kirche vertrete,
Erlösung komme einzig und allein durch Jesus
Christus. Würde dieser Lehre schließlich das gleiche
Schicksal beschieden sein wie der, die besagt, nur die
Menschen könnten gerettet werden, die der Jurisdik-
tion des Papstes unterstünden? Mit solchen und ähn-
lichen Fragen schlugen wir uns herum. Anthony hatte
sich lange zurückgehalten. Dann sagte er:

»Die Aussage über die Einmaligkeit Christi und andere ähnliche Aussagen sind mythologischer oder poetischer Natur.
Man kann sie nicht in einem rein rationalen und buchstäb-
lichen Sinn stehen lassen. Neulich fand ich einen ganz pas-
senden Vergleich dafür: Wenn ein Mann von seiner Frau
sagt, sie sei die schönste Frau auf der Welt, ist das nicht
zugleich eine Aussage über alle anderen Frauen auf der Welt.
Er sagt etwas höchst Persönliches. Solange es auf dieser Ebene bleibt, ist das ungemein sinnvoll. Würde er zu seinem
Nachbarn gehen und mit ihm eine hitzige Diskussion darüber anfangen, dass seine Frau schöner sei als dessen Frau,
dann würde es aus dem Rahmen fallen und nur noch verlet-
zend wirken.

Was sich in aller Aufrichtigkeit sagen lässt, ist, dass für mich Christus einmalig ist und er für mich die allerwichtigste und wirklichste Person darstellt. Das ist poetisch und gefühlvoll wahrhaftig und stimmt ganz und gar. Ich habe keinen Anlass, mir den Kopf darüber zu zerbrechen, wie Christus im Vergleich zu anderen Persönlichkeiten der Religionsgeschichte dasteht. Ich spreche nur von meiner ganz persönlichen Erfahrung.«

Das brachte mich auf den Kern der religiösen Wirklichkeit, das heißt: dass bei jedem Austausch über religiöse Wahrheiten der Kernpunkt die ganz persönliche Erfahrung und Gewissheit ist.

45

Barmherzig

»Wenn ich jemandem Jesus vorstellen müsste, würde ich Folgendes sagen: Er vergisst alles, was man ihm angetan hat. Er findet sogar in jenen, die gegen ihn sind, etwas Positives. Er hat ein sehr gutes Gedächtnis für alles Gute, das man ihm getan hat. Er verströmt seine Energie an alle, die ihn verletzen, wie der Baum seinen Duft denen schenkt, die ihn fällen. Das Wort: ›Seid barmherzig, wie euer Vater im Himmel barmherzig ist‹ bringt gut zum Ausdruck, wer er ist.«

Der Bischof als Tourist am See Gennesaret: »Wie viel kostet eine Fahrt über den See?«

Der Bootsbesitzer: »Fünfzig Dollar.«

Der Bischof: »Kein Wunder, dass Jesus zu Fuß hinüberging!«

Schau, wo dein Glück zu Hause ist

Anthony pflegte Bemerkungen zu machen wie: »Der und die hat gesagt, du seist sehr sympathisch ...« oder: »Bei deiner ersten Äußerung dachte ich: Das ist eine patente Frau. Aber schau, wie du dich jetzt unter deinem wahren Niveau verhältst.«

Letztere Bemerkung bezog sich darauf, dass ich mich abschätzig über jemanden oder etwas geäußert hatte. Sie brachte mir meine Fähigkeit zu Bewusstsein, positiv zu denken, die ich jedoch vernachlässigt hatte. Seine erste Bemerkung mag zwar belanglos wirken, war jedoch unter den gegebenen Umständen für mich wichtig, weil ich damals gerade innerlich wieder das Vertrauen dazu gewinnen wollte, ein liebenswerter Mensch zu sein.

Während der Tage in Sadhana war ich voll mit meinen eigenen psychischen Themen beschäftigt, um die ich mich bisher kaum gekümmert hatte. Mit zunehmendem Alter versuche ich jetzt, alles, was ich in meinem Leben dazugelernt habe, immer stärker in meine Glaubenserfahrung zu integrieren.

Dabei war die wichtigste Herausforderung, vor die mich Anthony stellte:

»Werde reifer, indem du über deine Sorgen und Ängste hinauswächst, in denen du durch unbewusste Prägungen noch gefangen bist. Durchschaue diese alten Prägungen und ihren

Einfluss auf dein gegenwärtiges Leben immer tiefer und sieh, wie sie dich sogar noch in deiner Lebensmitte auf dem Stand eines Jugendlichen festhalten. Wach auf und schau, wo dein Glück zu Hause ist.«

Sohn: »Papa, wann werde ich alt genug sein, um alles das tun zu können, was mir gefällt?«

Vater: »Das weiß ich nicht. So lange hat noch nie jemand gelebt.«

47

Dein wahres Ich

1986/87 – die letzte lange Sadhana-Einkehrzeit mit Anthony vor seinem unerwarteten Tod. Eine Begebenheit möchte ich hier erwähnen, da sie in meinem Leben immer noch nachklingt und weiterwirkt.

In einem der Gespräche stellte mir Anthony die Frage: »Bist du dir dessen bewusst, wie grausam du bist?«

Ich fühlte mich wie vor den Kopf gestoßen: Dass ich ein grausamer Mensch sein sollte, war mir unbegreiflich. Ein Teilnehmer, der mich als gütigen Menschen kannte, versuchte mich zu verteidigen, aber Anthony blieb bei seiner Behauptung. Es brauchte eine ganze Zeit, bis ich verstand, was er meinte. Sie zielte auf meine große Schwierigkeit, zu anderen auch einmal Nein zu sagen. Ich wollte es immer allen recht machen und hatte ein immenses Harmoniebedürfnis. Dank Anthonys Anleitung durchschaute ich diese sanft-grausame Verhaltensweise von mir mehr und mehr.

Vor einigen Monaten stellte mir mein Berater bei einer Aussprache eine Frage, die in ähnliche Richtung ging: »Bist du dir dessen bewusst, dass du dich und dein Leben in zwei unterschiedliche Ichs aufteilst? Da gibt es dein wahres Ich, und dann ist da noch dein entmündigtes Ich.«

Ich hatte zuvor einen Großteil meiner Energie immer darauf verwandt, mir Anerkennung zu verschaffen, indem ich mich bemühte, zum richtigen Zeitpunkt das Richtige zu tun. – Meine Gedanken flogen unverzüglich zurück in den Raum in Sadhana und ich erinnerte mich sehr lebhaft an die Begegnung mit Anthony. Dabei ging mir auf, wie viel Energie ich immer noch darin investierte, mir Anerkennung zu verdienen – in der Meinung, dass ich sie dadurch finde und bekomme, wenn ich nur immer zur richtigen Zeit das Richtige tue.

Welch ein Energieaufwand! Welch eine Entmündigung! Wie nahe oder fern bin ich dabei meinem wahren Selbst?

Zwischen Licht und Schatten

Wir hatten darüber gesprochen, wie dringend notwendig bestimmte Änderungen in religiösen Bereichen heutzutage und anderswo seien. Etwas später schrieb Anthony mir:

»Ich schätze die Lage tatsächlich genau wie du ein: Trotz aller unserer Bemühungen werden wir nicht viel zustande bringen … Aber ich denke, ich mache mir ein Stück weit die hinduistische Einstellung zu Eigen, dass das genau die Art ist, wie die Dinge laufen … Es ist das ewige Ringen zwischen Licht und Schatten …, und beide Kräfte müssen immer mehr oder weniger im Gleichgewicht bleiben … Auf dem Acker des Reiches Gottes muss immer ungefähr der gleiche Anteil an Unkraut und an Weizen stehen … Und so bin ich nicht zu pessimistisch. Ich gebe mich damit zufrieden, meinen Anteil beizutragen, meinen Tanz zu tanzen … und bescheide mich damit.

Irgendwo habe ich den treffenden Spruch gelesen: ›Der Vogel singt nicht, weil er eine Antwort weiß. Er singt, weil er ein Lied hat.‹ So bin ich damit zufrieden, mein Lied zu singen, selbst wenn das manchmal ziemlich fruchtlos zu sein scheint …«

49

Innere Freiheit

Bei einem Gespräch in Sadhana sagte ich Anthony, dass ich immer von der Sorge geplagt sei, was andere über mich denken. Dann erzählte er auf seine meisterliche Weise den Vergleich mit einem Elefanten, der in die Stadt einzieht. Der Elefant marschiert drauflos und kümmert sich überhaupt nicht darum, was die Leute denken oder tun. Ein kleiner Hund dagegen bellt jeden anderen Hund an, der ihm begegnet, und auch alle Leute, die ihm entgegenkommen.

Ich sollte mir vorstellen, ich sei der Elefant. – Einer der Teilnehmer an diesem Seminar zeichnete mir noch am gleichen Tag einen Elefanten. Das Bild habe ich immer noch. Es wirkt …

»Stelle dir Glück als einen Zustand innerer Freiheit vor. Vergiss das Wort ›Glück‹ ganz. Ersetze es durch ›innere Freiheit‹. Innere Freiheit ist das wahre Glück.«

»And all shall be well«

»And all shall be well« – »Und alles wird gut werden«.
In seinem Buch »Sadhana – A Way to God« schreibt
Anthony, das sei ihm der liebste und trostvollste Satz,
den er je gelesen habe. Er steht auch auf seinem Grab-
stein, denn er fasst die Botschaft seines Lebens zusam-
men: die tiefe Überzeugung, dass alles gut werden
wird und dass man sich auf die innerste Triebkraft des
Lebens verlassen kann, weil der Gott des Lebens ein
Gott der Liebe ist, und zwar der bedingungslosen
Liebe.

Der erste Anlass, bei dem mir aufging, wie wahr diese
Überzeugung ist, ergab sich für mich, als ich ein jun-
ger Student war. Ich hatte gerade mit dem Studium
begonnen. Mich beschäftigte die Frage, welche Aufgabe ich in meinem Leben einmal übernehmen werde.
Ich entsinne mich daran, wie Anthony mir erzählte,
welch zahlreiche Umbrüche er in seinem Leben schon
mitgemacht habe: Sein Lebensweg habe Wendungen
genommen und Richtungen eingeschlagen, an die er
früher nicht einmal im Traum gedacht hätte.
 Der springende Punkt in diesem Gespräch mit Anthony war für mich seine tiefe Gelassenheit: Wichtig
sei es doch nicht, immer schon genau jeden Schritt des
Weges klar vorauszusehen, sondern den Weg mit der
Bereitschaft anzutreten, auf jedem seiner einzelnen

Abschnitte das Leben in seiner Fülle zu leben. Alles Übrige könne man dem Leben und Gott überlassen, denn unter seinem liebenden Blick werde alles gut.

Bis heute ist diese Überzeugung für mich wie ein Anker, der mir durch alle wechselnden Stimmungen und Phasen hindurch einen zuverlässigen Halt gibt.

51

Gelähmt

Meine Mutter war bereits über zwei Jahre lang gelähmt. Eines Nachts hatte ich folgenden Traum.

Meine Mutter sagt zu mir: »Ich will nicht dauernd
nur liegen. Komm, gehen wir einige Schritte hinaus.«
Ich helfe ihr aus dem Bett und aus dem Zimmer. Wir
beginnen, im Hof ums Haus zu gehen. Als wir zwei
Seiten des Hauses umschritten haben, verliert sie das
Tuch, mit dem sie sich umwickelt hat. Ich sage zu
ihr, ich wolle es aufheben und bringen, aber sie sagt:
»Nein, gehen wir weiter, lass das Tuch liegen.« Wir
gehen weiter. Da sehe ich meine Schwägerin und ihre
Tochter vom Wasserholen kommen. Sie lachen und
ich sage noch einmal zu meiner Mutter, ich wolle ihr
Tuch holen. Sie erwidert: »Lass sie ruhig lachen. Das
macht uns nichts aus.« Und wir gehen weiter.

Als ich unter Anthonys Anleitung diesen Traum
anschaute, wurde mir bewusst, wie gelähmt ich seit
Jahren gewesen war – gelähmt vom Glaubenssystem,
von bestimmten Lehren, von lauter »ich sollte« und
»ich müsste«, von meinem Bedürfnis, anderen zu
gefallen, von meiner Angst davor, was andere denken
könnten usw.

Als ich das »sah«, fühlte ich mich davon frei. Von da
an wurde mein Leben anders.

Glaubst du noch an den Himmel?

Ich war Anthony bereits bei mehreren Gelegenheiten begegnet. An einem herrlichen Abend machten wir gemeinsam einen Spaziergang. Wir unterhielten uns darüber, wie sich unsere Lebensansichten im Lauf der Jahre gewandelt hatten. Ich gab z. B. offen zu, dass ich damit aufgehört hatte, an einen Gott zu glauben, der sein Volk strafen, verwerfen, enttäuschen oder verlassen könne, seit ich zur Überzeugung gekommen sei, Gottes Liebe stelle keine Bedingungen. Ich fügte hinzu, dass ich deshalb auch nicht mehr an einen Limbus (für die ungetauften Kinder) und an Endgericht, Hölle und Fegfeuer glauben könne, also an all das, was man mir über Gott und die Religion beigebracht hatte.

Anthony sagte nicht viel dazu, sondern fragte mich schließlich nur: »Glaubst du noch an den Himmel?«

Das war alles, was ich brauchte. Ich musste noch Tage danach darüber nachdenken. Eine weitere Illusion war mir zerschlagen worden. Mir ging auf: Wenn ich nicht mehr an einen strafenden Gott glaubte, müsste ich logischerweise auch die Vorstellung eines Gottes aufgeben, der belohnt. Ich grübelte weiter: »Wer ist dieser Gott jenseits all unserer Begriffe und Projektionen, dieser Gott, der Geheimnis und Liebe ist?«

Es fällt so schwer, Gott Gott sein zu lassen; Gott einfach als unendliches Geheimnis anzunehmen. Wieder ging mir auf, dass Theologie nicht das Gleiche ist wie Spiritualität, dass Begriffe nicht die eigentliche, die ganze Wahrheit enthalten.

Anthony hatte eine unsanfte, aber heilsame Art, Menschen ihre Illusionen zu nehmen. Das hilft mir immer noch.

53

Verantwortung für das eigene Leben übernehmen

Ich war ganz niedergeschlagen und verwirrt angesichts der vielen religiösen Wahrheiten und Lehren. Ich sprach mit Anthony und sagte ihm, mir komme es vor, als könne ich an all dies überhaupt nicht mehr glauben. Er lachte hell auf, als hätte ich ihm einen Witz erzählt. »Wer verlangt denn überhaupt von dir, dass du das alles glaubst?«, fragte er mich.

Ich war total verblüfft. Und dann spürte ich plötzlich, wie ich eine Wut auf alle bekam, die mich das zu glauben gezwungen hatten. Mir ging auf, dass ich nicht länger nur deshalb etwas glauben wollte, weil andere es mir gesagt hatten.

Immer wieder schärfte Anthony uns ein, aufzuwachen und die Verantwortung für unser Tun und unser Leben endlich selbst zu übernehmen. Oft begehrten wir dagegen auf und versuchten direkt oder indirekt, Anthony eine Weisung zu entlocken, wie wir etwas tun oder wie wir uns entscheiden sollten. Anthony vermied es meisterlich konsequent, uns die Möglichkeit zu bieten, uns hinter ihm oder seiner Autorität zu verstecken und so vor unserer eigenen Verantwortung zu kneifen. Er gab uns zwar Tipps, von denen seine Bücher ja weisheitlich voll sind, nahm uns jedoch nie unsere eigenen Entscheidungen ab.

54

Die inneren Quellen

Anthony und ich machten einen Spaziergang längs des Uferdamms des Lonavla-Sees. Das war das letzte Mal, dass ich mit ihm zusammen war. Wir kamen auf das Thema »Gott« zu sprechen. Ich schilderte ihm meine persönliche Erfahrung mit Gott als Vater, als einen liebevollen Vater, der mir für mein Leben sehr viel bedeute. Anthony hörte mir aufmerksam zu. An einer bestimmten Stelle sagte er plötzlich:

»Wann wirst du endlich Gott loslassen, deinen Gott? Du verwendest ihn als Krücke. Damit wirst du nicht reifer. Dein Leben und deine Welt werden dauernd auf Krücken angewiesen sein. Wirf ihn weg und sieh zu, was passiert.«

»Wirf ihn weg?« Greife auf deine inneren Quellen zurück? Wende dich dem Gott zu, der in dir ist? – Also: die gewohnten religiösen Praktiken aufgeben, an die ich mich halte? Damit aufhören, in der Bibel und im Katechismus die Normen für mein Verhalten zu suchen? Auf den in mir sprechenden Geist hören? Die auswendig gelernten Lehren auf dem Amboss von Verstand und Erfahrung neu schmieden? Mich selbst dem Geheimnis ausliefern, das machtvoll im Universum wirkt? Anthony sagte:

»Es kann sein, dass du eines Tages sprichst: Ich habe Gott gefunden. Ich kenne ihn. Er ist so und so. Er ist da und dort. Er ist in mir, in der Schöpfung, in der Eucharistie ...

Dieser Tag ist für dich eine Katastrophe, denn dann hast du deinen Gott gefunden, deine eigene Projektion, und die ist armselig und klein. Und solche Götter – solche Götzenbilder – halten auch uns armselig und klein. Wir neigen dazu, für sie zu kämpfen. Man bekommt es mit der Angst zu tun, wenn man Menschen von Dingen reden hört, an die sie nur ›glauben‹, und wenn sie damit zu drohen anfangen. Sie können damit Schreckliches anrichten ... Das Geheimnis braucht keine gewaltsamen Verteidiger. Nur Götzen brauchen sie. Das Geheimnis macht uns demütig.«

Ich kenne aus eigener Erfahrung die Angst und die Gefahren und auch die Belohnungen, die einen erwarten, wenn man seine Krücken wegwirft.

Der arme Atheist,
der Dank empfindet
und diesen Dank
bei niemandem
loswerden kann!

Alles kann zum Gebet werden

Als Anthony einer Gruppe achttägige Exerzitien gab, fragte ihn ein eifriger Student: »Mir ist sehr deutlich geworden, wie Sie betonen, dass alles, was wir tun, zum Gebet werden kann. Aber wie lange soll man nun eigentlich ausdrücklich beten?«

Anthony sagte nichts, lächelte nur wissend. Der Mann blieb hartnäckig: »Können Sie mir das beantworten?«

Anthony fragte ernst zurück: »Wie lange möchten Sie beten?«

Darauf verstummte der junge Mann. Er wollte, er konnte darauf keine Antwort geben. Wir erhielten nie eine.

Angstfrei auf die Suche machen

Obwohl ich persönlich nie an einem Kurs in Sadhana oder sonstwo mit Anthony teilgenommen habe, bewundere ich ihn, weil er ein Sucher nach der tieferen Wahrheit war. Was ich von ihm mitbekommen habe, ist das anregende Beispiel eines Menschen, der mutig die fadenscheinigen Mythologien der Religion, wie sie gelebt wird, durchschaut und sich nicht davor scheut, laut zu sagen, dass »der Kaiser ja gar keine Kleider anhat«. Er sagte das mit derart überzeugender Kompetenz, dass er damit mühelos die Kritik vieler überstand, die von seinen Einsichten verstört waren und der Auffassung, er stelle eine Gefahr für das rechtgläubige Frömmigkeitsleben dar. Eine solche war er vermutlich tatsächlich.

Ich kann nicht allen Ernstes sagen, dass ich in meiner persönlichen spirituellen Suche und Prägung sehr stark von Anthony »beeinflusst« wurde. Aber im Frühstadium meiner Suche nach einer sinnvollen Spiritualität und einem Weg für mich zum reifen Menschsein empfand ich Anthony als inspirierendes Beispiel dafür, sich angstfrei selbst auf die Suche zu machen und sich dabei nicht allzu sehr auf andere Menschen zu stützen.

Was ist, ist

An einem Wochenende vertraute mir Mario, ein guter Freund Anthonys und Hausmeister von Sadhana, den einzigen alten Schlüssel für ein altes Zimmer an. »Davon kann ich mir kein Duplikat nachmachen lassen, also bitte verliere ihn auf keinen Fall!«, schärfte er mir ein.

Ich verschwand in die Felder hinaus. Gegen Abend legte ich mich flach auf den Boden und beobachtete die Feldlerchen bei ihrem unglaublich schönen Tanz und Gesang im Licht der untergehenden Sonne, entglitt in meine »Wolke des Nichtwissens« und wachte erst etliche Zeit danach wieder auf.

Da stellte ich fest, dass mein Schlüssel sich verflüchtigt hatte. Ich suchte im Graben, neben dem ich gelegen hatte, und hinter jedem Busch. Er war spurlos verschwunden.

Schließlich ging ich ins Haus zurück und zu Mario in die Küche, um ihm den Verlust zu beichten. Er war ziemlich verärgert. Anschließend betete ich zum heiligen Antonius, dem Heiligen, der für das Finden verlorener Gegenstände zuständig ist.

Ich war noch damit beschäftigt, als Anthony de Mello daherkam und nach Mario fragte. Ich wollte wissen, warum er ihn suchte. Er schaute verlegen drein und sagte: »Ich habe meinen Zimmerschlüssel verloren. Nur Mario kann mir helfen, ins Zimmer hineinzukommen.« Ich war wie sprachlos, aber sagte: »Du auch! Hast du dich genau wie ich in der Abenddämmerung herumgetrieben?«

Er entgegnete verblüfft: »Warum? Hast du auch deinen Schlüssel verloren?«

»Allerdings«, sagte ich, »dann sind wir ja zu zweit. Das erleichtert mich etwas.«

Anthony verschwand wieder in seine Wildnis von Sadhana.

Am nächsten Morgen sagte ich zu Anthony: »Ich habe den Verdacht, du hast mir das nur weismachen wollen, damit ich mich besser fühlte. Stimmt's?«

Er lachte und erwiderte: »Angenommen, das habe ich gemacht, würdest du dich dann anders fühlen? Und angenommen, es stimmte, würdest du dich schlechter fühlen? Es kommt doch bloß darauf an, dass du dich wohler fühlst!«

Das war der Weise, der hier sprach: mit einer inneren Freiheit aus Liebe, genau wie alle seine Geschichten waren und wie auch er selbst war. Glück oder Unglück spielen keine Rolle. Was ist, ist.

58

In Fülle leben

Es war bei einem meiner Gespräche mit Anthony. Mein Problem bestand darin, dass ich seit geraumer Zeit zunehmend Gruppen und Ansammlungen von Menschen nicht mehr mochte; es war, als ziehe mich etwas mit Gewalt von ihnen weg. Verbunden war das mit der wachsenden Neigung zum Schweigen und Alleinsein, was für mich außergewöhnlich ist. Kurz: Ich empfand stark den Zug zu einer Art von klösterlichem Leben in einem Ashram.

Anthony kannte mich schon von früheren Begegnungen. Er schaute mich an, stellte mir einige Fragen und führte mich dann durch eine Imaginationsübung, bei der ich mich im Geist wieder in meine Kommunität in Manipur zurückversetzte, in meine dortige Arbeit mit den Studenten und in die dortige, ganz andere Situation, die ich jetzt hinter mir gelassen hatte. Mir kamen starke mit diesen Jahren und Erlebnissen verbundene Gefühle hoch, jedoch riss ich mich zusammen.

Anthony empfahl mir, im Freien allein spazieren zu gehen und mir dazu so viel Zeit zu nehmen, wie ich brauchte. Ich sollte dabei noch einmal meine ganze Lage überdenken und meinen Gefühlen freien Lauf lassen. Das tat ich. Nach anderthalb Stunden kam ich zurück und berichtete Anthony, ich sei froh, diesen Abschnitt meines Lebens noch einmal lebhaft in meiner Erinnerung nachempfunden zu haben, jedoch zu meiner eigenen Überraschung habe ich dabei gar nicht viel weinen müssen. Das schien ihn nicht weiter zu beeindrucken. Dann sagte er:

»Du meinst, wenn du Manipur verlierst, deinen liebsten Platz auf der Welt, verlierst du alles Schöne aus deinem Leben. Deswegen hast du das Gefühl, in deinem Leben werde es künftig nichts Schönes und Herrliches mehr geben können, und deshalb spielst du mit dem Gedanken, dich aus dem Leben zurückzuziehen. Aber das stimmt nicht. Vergegenwärtige dir noch einmal alle die Menschen und Orte, die Erfahrungen und die Art von Leben, die du dort von Herzen genossen hast. Sage noch einmal für alles Einzelne Dank, und dann verabschiede dich davon. Lass dir dazu Zeit, führe dir jede einzelne Erfahrung vor Augen und verabschiede dich von ihr. Und dann mach dir klar: Es warten auf dich neue Erlebnisse, neue Orte, neue Menschen, neue Herausforderungen ... Es gehört zum Leben, immer wieder für etwas zu sterben, um für Neues offen zu sein. Das bedeutet Auferstehung: sich verabschieden, loslassen, weitergehen. Nur dann kannst du in Fülle leben.

In Fülle leben bedeutet, in der Gegenwart zu leben. In der Gegenwart zu leben bedeutet, ganz im Hier und Jetzt da zu sein. Wenn du in Kerala bist, sei dort mit deinem ganzen Wesen präsent. Und jetzt im Augenblick sei ganz hier in Lonavla.

Im Augenblick ist zwar dein Körper hier, aber dein Herz ist immer noch in Manipur. Du willst das Problem damit beheben, dass du dich in einen Ashram zurückziehst. Das ist nichts für dich. Sei da, wo du bist, und zwar voll und ganz. Das Leben ist nicht im Gestern. Es steckt auch nicht im Morgen. Es ist in der Gegenwart da. Das Gleiche gilt für die Lie-be. Das Gleiche gilt für Gott. Lebe in der Gegenwart und spü-re, wie das Leben jetzt ist. Das ewige Leben ist ein ewiges Jetzt; folglich ist es hier und jetzt da.«

Später am Tag knüpfte Anthony noch einmal an das Thema vom Sterben, um zu leben, an und sprach über die Freude des Abschiednehmens. Ich begann, den Sinn der Auferstehung in einem ganz neuen Licht zu sehen. – Schließlich ging ich dann nicht in einen Ashram. Ich hatte es gelernt, die Last der Vergangen-heit abzulegen, und genieße jetzt eine ganz neue Frei-heit, mit der ich voll und ganz dort leben kann, wo ich jetzt arbeite.

Was wir brauchen

»Alle Wertschätzung und Liebe sind nicht nur unnötig, sondern sogar ein Hindernis.«

So lautete Anthonys provozierende Anfangsthese bei einem Kurs in Sadhana.

»Wenn man auf den Geschmack kommt, wie schön es ist, gelobt und geschätzt zu werden, fängt man an, das zu brauchen. Das ist ein künstliches, anerzogenes Bedürfnis, eine Erfindung der menschlichen Gesellschaft. Es ist ein ›weltliches Bedürfnis‹, kein ›seelisches Bedürfnis‹. Wer Wertschätzung und Liebe geschmeckt hat, fängt an herumzumanipulieren, um mehr davon zu bekommen. Wenn er es nicht bekommt, wird er unglücklich und deprimiert, verkauft sich dafür unter seinem Preis, stellt in dessen Licht Vergleiche an und benutzt es, um sich damit Macht und Ansehen zu verschaffen.

Wir brauchen weniger ›Welt-Gefühl‹ und mehr ›Seelen-Gefühl‹ wie etwa Freude an der Natur, Nähe zu anderen Menschen, den Zauber eines Sonnenuntergangs, Lachen, den Genuss der Sinnesempfindungen, die sich nicht durch Zwang oder als Ersatzhandlungen herbeiführen lassen usw. ...«

Wolken, die kommen und gehen

So manche Gespräche mit Anthony verhalfen mir dazu, mir immer mehr meiner selbst bewusst zu werden, meine Gefühle der Eifersucht und des Ehrgeizes deutlicher zu erkennen und die verborgenen Absichten und Spielchen, die ich trieb, zu durchschauen.

Schließlich war ich fähig und bereit, Entscheidungen zu treffen und auf gesunde Gefühle und Verhaltensweisen zu achten. Sooft mir das gelang, fühlte ich mich innerlich weit. Das war ein Gefühl der Freiheit. Doch dann merkte ich, dass in mir Stolz und ein Empfinden der Überlegenheit hoch kamen. Deshalb fragte ich mich: »Was ist nun damit gewonnen, wenn man negative Gefühle loswird, aber dann Stolz darüber empfindet?« Anthony gab mir die Antwort in Form einer Geschichte.

Der Schüler fragte den Meister: »Was hat dir die Erleuchtung gebracht?«

Der Meister gab zur Antwort: »Vor meiner Erleuchtung war ich immer wieder deprimiert. Nach meiner Erleuchtung war ich weiterhin deprimiert. Aber es besteht ein großer Unterschied: Vor der Erleuchtung machte mich das Deprimiertsein unglücklich, aber jetzt nach der Erleuchtung kommt und geht das Deprimiertsein, ohne dass es mich umwirft, genau wie die Wolke über den Himmel zieht: Sie kommt und geht ...«

Schau dem Stolz zu, wie er kommt und geht. Heute ist es der Stolz, morgen etwas anderes. Sieh zu, wie das kommt und geht. Achte genau darauf!

Ganz ähnlich müsste man achtsam sein, wenn man sich fragt, wie man etwas entscheiden soll. Oft tastet man beim Suchen nach dem eigenen Weg im Dunkeln und ist von Gefühlen und Vorurteilen benebelt. Man sollte genau zusehen, wie sie kommen und gehen. Wenn sie vorbeigezogen sind und die Sicht klarer wird, kann man hellsichtiger und freier seine Entscheidung treffen.

↩

Mutter: »Dein Gesicht ist sauber, aber wovon hast du so schmutzige Hände?«

Sohn: »Vom Gesichtwaschen.«

↩

Was macht dein Herz blind?

Es gab eine Zeit, da war ich ein sehr kritischer Mensch. Als ich Anthony meinen Unwillen über das Verhalten einiger meiner Mitmenschen schilderte, riet er mir freundlich, in mich selbst hineinzuhören, um herauszufinden, warum ich so ungehalten und kritisch sei.

»Was hindert dich daran, deine Mitmenschen als liebenswürdig zu empfinden, auch wenn sie Verhaltensweisen zeigen, die sich deiner Ansicht nach nicht schickten? Was macht dein Herz blind dafür, dass sie auch dann aller Liebe wert seien, wenn sie eine Menge kleiner Fehler haben, genau wie auch ich trotz meiner eigenen Schwächen und Fehler für meine Freunde liebenswert bleibe?«

Ich war sehr davon beeindruckt, wie viele Menschen nach dem Tod von Anthony sagten, sie hätten das Gefühl gehabt, dass er sie sehr liebe.

Die Bibel weist uns an, sowohl unsere Nächsten als auch unsere Feinde zu lieben – vermutlich deshalb, weil es sich im Allgemeinen dabei um genau die gleichen Leute handelt.

62

Nicht alles auf sich beziehen

Ich habe die Neigung, auf Menschen deshalb scharf zu reagieren, weil ich mich »angegriffen« fühle. Das beeinträchtigt meine freie Kommunikation mit anderen. Für meine sechsjährige Zeit als Vorgesetzter war mir ein an sich ganz einfacher Rat Anthonys in dieser Hinsicht sehr hilfreich:

»Unterstelle nicht jedes Mal, wenn deine Autorität in Frage gestellt wird, der Betreffende wolle dich in Frage stellen oder deine Autorität oder Person angreifen. Versuche es lieber so zu sehen, dass vermutlich der Betreffende ein Problem hat. Meistens ist das nämlich der Grund.«

Bei einer anderen Gelegenheit sagte Anthony:

»Oft setzen wir bestimmte Aussagen, die jemand macht, sofort in Verbindung mit unserer Beziehung zu ihm. Das macht uns dann unsicher und wir empfinden die betreffende Aussage als Urteil oder Angriff und meinen, er wolle uns attackieren und erniedrigen.«

Seht die Lilien auf den Feldern

Während eines Kurses mit Anthony kamen wir im Gespräch mit anderen Teilnehmern auf eine Stelle, die wie ein Widerspruch im Leben Jesu wirkte. Er hatte doch gesagt: »Seht die Lilien auf den Feldern und die Vögel am Himmel ... Sie sorgen sich nicht um den morgigen Tag ...« Warum hatte er dann am Tag vor seinem Tod so große Angst und Niedergeschlagenheit empfinden können? Da lebte er doch selbst nicht, was er gepredigt hatte!

Anthony sagte nach einer Weile, dass wir hier Frömmigkeit und Spiritualität völlig miteinander verwechselten:

»Viele unserer Schwierigkeiten, unserer positiven wie negativen Gefühle sind das Ergebnis unserer Konditionierung. Ein spiritueller Mensch zu sein bedeutet zu begreifen, dass man selbst nicht vollkommen eins ist mit seinen Depressionen und Ängsten. Ein spiritueller Mensch zu sein bedeutet nicht, keine Depressionen und Ängste mehr zu haben, sondern: diese und alles, was einem kommt, wahrzunehmen – und dann kommen und gehen zu lassen.

Nehmen wir den Fall eines Menschen mit einem starken Minderwertigkeitskomplex. Was immer er tut, es wird ihn verwirren und verunsichern. Kann dieser Mensch überhaupt erleuchtet und ein spiritueller Mensch werden? Natürlich. Auch mit allen seinen psychischen Macken kann er ein sehr spiritueller Mensch sein, vorausgesetzt, er durchschaut seinen Komplex und seine Ängste und Irritationen als Wolken, die kommen und gehen.

Wer erwartet, Jesus hätte vor seinem Tod doch über alle Ängste hoch erhaben sein müssen, stellt ihn sich aus schiefer Frömmigkeit so vor. Das ist ein künstlicher, gedachter Jesus, und es verrät ein oberflächliches Verständnis Jesu und dessen, was er sagte. Sich wegen des morgigen Tages keine Sorgen zu machen bedeutet in Wirklichkeit, einen Zustand zu erreichen, in dem man in innerer Freiheit alles annehmen kann, sei es Angst oder sei es Zuversicht.

Diese Haltung kann man allerdings nicht von sich aus herbeiführen. Sie ergibt sich daraus, dass man etwas ganz Wichtiges begreift, etwas sieht.«

Dies hat mir dabei geholfen, mir mein inneres Gleichgewicht zu bewahren und nicht allzu lange schlechter Laune oder aus dem Häuschen zu sein. Ich konnte zwischen mir und allem, was sich abspielte, immer eine gewisse Distanz wahren, besonders zu der Zeit, als ich Amt und Autorität ausübte. Mir wurde klar, dass die Leute sehr oft nicht auf mich persönlich reagierten, sondern gegen die Rolle, die ich bekleidete. Das machte in meinem Leben einen großen Unterschied. Wenn ich heute auf diese wahrlich nicht leichten Jahre zurückblicke, merke ich, wie sehr es mir geholfen hat, eine spirituelle Sichtweise einzunehmen in dem Sinn, den Anthony meinte.

64

Jemanden trotz seiner Schwächen
lieben

In einer Gruppensitzung in Sadhana erhielt ich einen
so wertvollen Rat, dass ich mich anschließend wunderbar fühlte. Aber wenige Tage später war ich wieder
ganz am Boden zerstört und voller Gefühle der Eifersucht und Angst. Hinzu kam, dass ich mich jetzt vor
der Gruppe für diesen Rückfall schämte. Mit heftigem
innerem Widerstreben sprach ich dann darüber. Anthony stellte mir die Frage: »Als gestern Paul vor der
Gruppe von seinen großen Schwächen erzählte, hast
du da die Achtung vor ihm verloren?« Ich sagte: »Nein,
im Gegenteil, meine Achtung vor ihm ist gestiegen.«
»Warum meinst du dann, dass es bei dir anders sein
wird: dass man dir die Zuneigung und Achtung ent-
ziehen wird, wenn du deine Schwäche offenbarst?«

Das machte mich nachdenklich: Projiziere ich nicht
meine eigenen Gefühle und Ansichten auf die anderen? Kann ich mich selbst mit meinen so genannten
Schwächen lieben? Kann ich andere mit ihren
Schwächen lieben? Kann mich ein anderer denn kriti-
sieren, ohne dabei aufzuhören, mich zu lieben? Kann
ein anderer auf mich wütend sein, ohne seine Zuneigung zu mir zu verlieren?

So begann ich, meine ersten Lektionen in der Liebe
meiner selbst und anderer, so wie sie sind, zu lernen.

Mir fällt da noch ein anderes Wort Anthonys ein, das er wenige Tage später sagte und das sich ebenfalls nachhaltig für mich auswirkte:

»Du machst dir Sorgen darüber, das, was du gestern gesagt hast, könnte von einigen missverstanden worden sein. Dieses Missverständnis möchtest du erklären und ausräumen. Wenn du später größere Aufgaben übernimmst und mit vielen Menschen an vielen Orten zu tun hast, werden dich sicher viele missverstehen. Wolltest du dann alle diese Missverständnisse beheben, dann müsstest du am Ende pausenlos im Land herumfahren … John, was macht es schon, wenn dich manche missverstehen? Was macht das aus?«

Später erzählte ich Anthony von einigen Verletzungen und Demütigungen, die ich in den Monaten zuvor erlebt hatte. Seine Antworte lautete ungefähr so:

»Wer ist dieses Ich, von dem du sprichst, das sich dauernd verletzen und demütigen lässt? Ist das dein Körper? Oder dein Geist, deine Seele? Dein Geist oder deine Seele können sich ja gewiss nicht von dem, was jemand gesagt oder getan hat, verletzen oder demütigen lassen. Das, was sich verletzen und demütigen lässt, muss also ein Ich sein, das du vorgibst. Du bist an die Vorstellung gewöhnt, da gebe es ein Ich. Und du bist auf die Vorstellung konditioniert, bestimmte Dinge könnten dieses Ich beeinträchtigen. Das ist jedoch ein künstliches Gebilde deiner Fantasie, ein Geschöpf der Gesellschaft.

Die Befreiung stellt sich dann ein, wenn man merkt, dass es gar kein Ich gibt, das sich verletzen oder lieben oder schätzen oder ablehnen lässt. Das Ich als Subjekt ›guter‹ und ›schlechter‹ Erfahrungen ist ein Mythos, der sich tief in unserer Psyche eingewurzelt hat.«

Das verstand ich nicht. Ich verstehe es bis heute nicht. Ich habe das Gefühl, in diesem Thema stecke mehr, als Anthony klar war. Immerhin lässt sich das Folgende sagen: Anthony verfügte über eine tiefe Erfahrung des Transzendierens des eigenen Selbst, und genau diese Erfahrung versuchte er in diesen rätselhaften Aussagen über das Ich und das Selbst zu erkunden und an andere weiterzugeben.

Die Vorstellung, in Wirklichkeit gebe es gar kein Ich, das sich positiv oder negativ beeinflussen lasse und über das man sich Sorgen machen müsse, beschäftigt mich weiterhin.

Lehrer: »Worin besteht der Unterschied zwischen einem Meerschwein und einem Delphin?«

Schüler: »Das frage ich mich auch.«

Die Zeit rührt an die Ewigkeit

Während meiner Tage in Sadhana genoss ich besonders meine wöchentlichen Spaziergänge mit Anthony an den See von Lonavla.

Es gehörte jedes Mal dazu, dass wir uns dann auf das Brückengeländer setzten und in vollkommenem Schweigen in Richtung Westen den Himmel betrachteten, während langsam die Sonne unterging. Wir betrachteten ihn nicht nur, nein, wir nahmen ihn regelrecht in uns auf ...

Anthony pflegte zu sagen: »Sag nichts zu diesem Anblick, Geeta, schau einfach und sieh, wie die Farben kommen und gehen.«

So sogen wir die Farben in uns auf, erlebten den leisen Wechsel der Stimmung, die lautlos herankriechende Dunkelheit ... in einer Art merkwürdiger Zeitlosigkeit.

Bei einer besonderen Gelegenheit sagte Anthony, ohne den Blick vom fernen Horizont abzuwenden:

»Wenn ich das so sehe, muss ich an die Erschaffung der Welt denken. Die Zeit rührt an die Ewigkeit. Wie viele Millionen Sonnenuntergänge dieser Ort hier wohl schon erlebt hat? Ich muss an die Kraft des Lebens in den zahllosen Menschen denken, die schon vor uns Sonnenuntergängen zugesehen haben, und an die Millionen, die das noch nach uns tun

werden. Du und ich, wir sind zwei unscheinbare und doch unendlich kostbare Teilchen im Herzen des Universums, das im Herzen Christi pulsiert. Würden die Menschen die Unendlichkeit des Raumes auf sich wirken lassen und ihr Herz auf die Universale Seele einstimmen, dann würden sie mit der verrückten Jagd nach Macht und Reichtum bald aufhören.«

»Die Kraft des Lebens in den zahllosen Menschen ... die ihr Herz auf die Universale Seele einstimmen könnten ...« War das nicht eine ziemlich heidnische Vorstellung? So dachte ich zunächst mit etwas Unbehagen. Jedoch weckten diese Begriffe und jener Abend am Seeufer in mir eine tiefe Sehnsucht danach, mein Leben in größtmöglicher Fülle zu leben, aus dem Bewusstsein heraus, dass es unendlich mehr Raum und Zeit gibt, als unsere Augen wahrzunehmen vermögen.

Jedoch sollte es noch stärker kommen. Das war an einem Samstag, wieder auf unserem wöchentlichen Spaziergang. Anthony blieb plötzlich für eine Weile stehen. Als er dann wieder weiterging, sprach er zu mir von Tod und Loslösung und Schmerz, Gedanken, mit denen er sich in diesen Tagen stark beschäftigt hatte. In diesem stillen Augenblick hatte er klar und deutlich »gesehen«, dass die Anhänglichkeit an irgendetwas, sei es an jemanden oder einen Gegenstand oder Wert, immer Schmerz und Unfreiheit mit sich bringe. Er war seinen Freunden ungemein treu, von denen er einigen in tiefer Liebe zugetan war. Doch bei dieser Gelegenheit sagte er:

»Mit allen meinen Freunden verbindet mich nur ein ganz dünner Faden. Alles in mir sehnt sich danach, auch diesen noch durchzuschneiden, weil er mich vom Fliegen abhält. Alles in mir sehnt sich nach diesem erhebenden Gefühl der Freiheit. Doch einem Teil von mir gefällt auch das Kriechen am Boden.«

Das war die Zeit, zu der er jene Meditationen verfasste, die nach seinem Tod unter dem Titel *Called to Love* veröffentlicht wurden.

An diesem Abend gingen wir ein ganzes Stück weit schweigend in einigem Abstand voneinander. Mein Herz war voller Vorahnungen. Am Ende der Brücke blieb Anthony stehen und sagte: »Mir kommt es vor, als werde das neue Gebäude in Sadhana meine Grabstätte. Ich weiß, ich werde nicht lange darin leben. Das sehe ich ganz klar vor mir. Mein Leben ist bald zu Ende.«

Seine Worte machten mir Angst. Der Gedanke, ihn zu verlieren, war mir unerträglich. Doch mein Herz spürte, dass auch ich ihn loslassen musste, wenn ich ihn wirklich liebte.

Als ich ein Jahr danach die Nachricht von seinem Tod erhielt, kam mir noch einmal lebendig die Erinnerung an diesen Abend. Mir wurde klar, dass sein größtes Geschenk für mich dieser Sonnenuntergang gewesen war.

66

Beten

Ich hatte Anthony eine Kopie meines Aufsatzes geschickt, in dem ich meine Überzeugung darlegte, Beten diene nicht dem Zweck, irgendetwas von Gott zu erhalten, und sei auch nicht die Erfüllung einer Pflicht. Beten sei vielmehr ein Ziel in sich, als Ausdruck der Liebe, der am besten schweigend erfolge. Nachdem Anthony den Aufsatz gelesen hatte, schrieb er mir:

»Also, gestern Abend setzte ich mich hin und las in aller Ruhe deinen Aufsatz. Ich fand ihn hochinteressant, ja gewagt. Doch, wie du mir ja selbst schon oft gesagt hast: Man kann unmöglich die ganze Wahrheit in gedruckte Form bringen. Ich persönlich bin zur Überzeugung gekommen, dass jede Art von Gebet (wie wir es herkömmlicher Weise verstehen) eine reine Zeitverschwendung ist. Es liefert lediglich der Fantasie von Menschen, die vom zwanghaften Bedürfnis besessen sind, eine Gottheit zu besänftigen, bestimmte Wunschvorstellungen. Was für eine Tragödie ist es doch, wenn man sich ansieht, wie unzählige Stunden man mit Beten vergeudet, in denen man besser ein gutes Buch gelesen hätte, oder noch besser, indem man sein Verständnis seiner selbst und seine Selbsterkenntnis vertieft hätte!

Wenn ich das jetzt so sage, muss ich hinzufügen, dass ich in meinem Denken viel radikaler und in meiner Redeweise viel kühner, ja vielleicht sogar schärfer geworden bin. Ich werde Ende April 1987 in Puna ein Seminar über das Gebet halten, und ich habe vor, dafür meinen Ansatz völlig umzukrempeln und ein gutes Stück weit auch den Inhalt. Ich nenne das jetzt nicht mehr Gebetsseminar, sondern Kurs in Spiritualität. So bleibt mein Leben ziemlich spannend, denn ich ändere mich weiterhin ständig.«

Bei einem Seminar über das Beten rang Anthony darum, den folgenden Gedanken angemessen zu formulieren:

»Wir können Gott nicht kennen … In dem Augenblick, in dem man einer Blume einen Namen gibt, verliert man ihre Wirklichkeit. Und in dem Augenblick, in dem man Gott einen Namen gibt, verliert man Gott.«

Darauf erwiderte ein Teilnehmer barsch: »Anthony, von Metaphysik hast du keine Ahnung.« Er ließ das so stehen. Später sagte er mir:

»Mich hat dieser Vorwurf sehr verletzt. Viele meinen, das macht mir gar nichts aus. Aber ich bin in dieser Hinsicht sehr verwundbar und möchte es auch bleiben.«

Freue dich an allem

Ich hatte viele Gelegenheiten, einige ruhige Augenblicke mit Anthony zu verbringen. Die denkwürdigsten erlebte ich während der zwei Tage, die ich mit ihm auf unserem Rückweg vom letzten Seminar, das er in Puna hielt, im Zentrum Sadhana verbrachte. Das war eine Woche vor seinem Tod. Er sagte damals vieles, woran ich mich jetzt wieder erinnere. Etliches davon wandte ich direkt auf mein in den letzten Monaten sehr turbulentes Leben an, und es erwies sich als sehr wirksam, denn es brachte mir Frieden und Glück.

Ein dankbares Herz kann nie unglücklich sein.

Halte dir jeden Morgen beim Aufwachen vor Augen, dass du den morgigen Tag vielleicht nicht mehr erleben wirst. Wenn du das tust, genießt du jeden Tag ganz anders.

Denke an den Tod, und du fängst erst richtig zu leben an. Wir denken gewöhnlich nicht an den Tod. Das ist der Grund, weshalb wir uns an Gegenstände und Personen klammern und schließlich ein elendes Leben führen, weil wir ständig Angst haben, etwas zu verlieren.

Hänge dich an nichts im Leben. Freue dich an allem, während es dir vergönnt ist; aber denke immer daran, dass du es eines Tages zurücklassen musst. Du kannst nichts mitnehmen. Ist es das ganze Elend wert, das wir beim Versuch, es zu behalten, durchmachen?

Eine Aussage von Anthony ist mir besonders deutlich im Gedächtnis haften geblieben:

»*Sollte ich morgen sterben müssen und wüsste ich, dass mir das bevorsteht, dann würde mich der Umstand glücklich machen, dass ich so vielen Menschen helfen konnte. Mein Dasein auf Erden hat der Menschheit ein klein wenig genützt.*«

Wie viele Menschen können das von ihrem Leben auf Erden sagen? Verbringen wir unsere Zeit mit Tätigkeiten zu unserem eigenen Nutzen oder damit, mit anderen zu sein und, wenn wir können, ihnen zu helfen?

Wir haben immer alles, was wir brauchen, um glücklich zu sein. Aber meistens konzentrieren wir uns auf das, was wir wollen, aber nicht haben können, und das macht uns unglücklich.

68

Die positive Einstellung
auf andere übertragen

Mir fiel es sehr schwer, wütenden und groben Menschen die Stirn zu bieten. Ich konnte ihr Schreien nicht aushalten.

Das hatte ich Anthony bereits früher gesagt, und er nannte mir verschiedene Übungen, die mir in bescheidenem Maß halfen. In solchen Situationen fühlte ich mich meistens weiterhin wie gelähmt. Doch bei einer anderen Gelegenheit nannte er mir keine Übung mehr, sondern gab mir folgende Erklärung:

»Wann immer du einem schwierigen Menschen begegnest, betrachte ihn nicht als rücksichtslos oder dumm usw. Betrachte ihn vielmehr als Menschen, der Angst hat. Denn genau das steckt genau genommen hinter einem rücksichtslosen oder groben Menschen. Alle negativen Gefühle wurzeln ein gutes Stück weit in der Angst. Die angstvolle Aggression ist die einzige Verhaltensweise, die der betreffende Mensch derzeit kennt, um seine Anspannung oder Angst abzureagieren.

Verhakst du dich dagegen in der Sichtweise, der betreffende Mensch sei rücksichtslos oder voller Hass, dann wirkt sich das entscheidend darauf aus, wie du mit ihm umgehst. Du bekommst dann vor ihm Angst, denn eine negative Regung in einem Menschen weckt so auch das Negative in dir. Wenn du aber dem anderen mit einer negativen Einschätzung entgegentrittst, kannst du ihm nicht mehr auf kluge und taktvolle Weise begegnen.

Schau, was passiert, wenn du das so siehst, wie ich es dir sage: Dann kehrt sich der Prozess um. Statt dass der betreffende Mensch seine Negativität auf dich überträgt, überträgst du deine positive Einstellung auf ihn. Versuche es mit dieser wunderbaren Methode einmal selbst, sobald sich eine geeignete Gelegenheit dafür bietet. Es ist bemerkenswert, wie wunderbar das alles ändern kann.«

Als ich Anthony bei einer anderen Gelegenheit noch einmal fragte, wie ich mich gegen die (vermeintliche) Herzlosigkeit anderer schützen könne, von denen ich mich verletzt oder lieblos behandelt fühle, gab er mir die gleiche Antwort: indem ich versuche, sie von innen her zu sehen und zu verstehen.

Die Wahrheit wird dich frei machen

Anthony führte mich auf die Spur, Rat und Stärke in erster Linie in mir selbst zu suchen.

»Wenn du klar und deutlich siehst, dass eine Stellung, die du eingenommen, oder ein Urteil, das du getroffen hast, sauber und unbeeinflusst von deinem Ego ist, dann hast du auch die Stärke, entsprechend zu handeln.«

Einmal schrieb er mir:

»Im Augenblick erfährst du die Stärke nicht, weil du dich selbst nicht klar und deutlich siehst. Die Wahrheit wird dich frei machen. Die Erkenntnis deiner selbst, und zwar so, wie du bist, ohne Trübung durch Dinge, die du dir vormachst, wird dann von Dauer und lebendig sein. Dann bist du fähig, allem und jedem die Stirn zu bieten, in Liebe.«

Als ich wirklich tief in mich selbst ging, begann ich zu entdecken, welches Spiel ich mit mir selbst trieb: Ich ging unehrlich mit meinen Gedanken und Gefühlen um, etwa mit meinen Schwierigkeiten, positive oder negative Bemerkungen anderer über mich richtig einzuschätzen ... Dank dieser anhaltend ehrlichen Achtsamkeit begann ich in Widrigkeiten eine größere innere Freiheit und Gelassenheit zu genießen. Dabei bot mir Anthony einfühlsames Verständnis und forderte mich zugleich auf heilsame Weise heraus.

70

In der Gegenwart leben

Während seiner letzten Jahre ging in Anthony ein rascher Wandel vor sich. Da ich in enger Beziehung zu ihm stand, konnte ich diesen Umwandlungsprozess deutlich miterleben. Er schrieb mir immer wieder bis in alle Einzelheiten von seinen Einsichten und Erfahrungen.

»Ich habe das Gefühl, als würde ich von innen her mit Gewalt gezwungen, diesen neuen Weg einzuschlagen. Es ist, als würde ich zunehmend dazu gedrängt, nur noch in der Gegenwart zu leben«, sagte er mir einmal. Das veranlasste ihn zu Entscheidungen, die zweifellos schmerzlich waren, jedoch verstand ich ihn und zweifelte nie an seiner Liebe zu mir.

Einmal fragte ich ihn: »Gibt es in deiner neuen Denkungsart überhaupt noch Platz für Gefühle?«

»Ja, natürlich, meine Liebe, den gibt es durchaus, sonst wäre das Leben ja öde. Aber keinen Platz gibt es mehr für negative Gefühle. Diese ganze Art Leiden ist wirklich eine Zeitverschwendung und auch eine Verschwendung von kostbarem Leben. Negative Gefühle sind immer das Ergebnis unserer falschen Wahrnehmungen und falschen Vorstellungen. Aber für positive Gefühle ist immer eine Menge Platz – jedoch für positive Gefühle, die von der gegenwärtigen Wirklichkeit geweckt werden, und nicht von Erinnerungen an Vergangenes, denn in die Vergangenheit zurückzukehren bedeutet, sich zu etwas Totem zurückzuwenden.«

Du wirst nicht der Gleiche bleiben

Bei einer der letzten Sitzungen meiner Einkehrzeit in Sadhana wiederholte Anthony einen bereits früher geäußerten Gedanken:

»Wenn du keinen Fortschritt machst, liegt das nicht an einem Mangel deines guten Willens, sondern an einem Mangel deines Erinnerungsvermögens ... Ruh dich auf keinem ›Durchbruch‹ aus, den du womöglich schon erlebt hast. Was du dabei gewonnen hast, zerrinnt nach und nach wieder, wenn du dich nicht unablässig darum bemühst, es durch tagtägliches Üben zu stärken. Deine neurotischen Verhaltensmuster werden dich schon bald wieder einholen. Du wirst auch Abstürze erleben. Erinnere dich dann immer wieder daran, was du aus ihnen gelernt hast und wie du aus ihnen wieder herausgekommen bist. Praktiziere immerzu, was du an neuer Einsicht gewonnen hast, und ebenso die Imaginationen und Übungen, die dir geholfen haben. Im Lauf der Zeit werden dann deine alten Gewohnheiten ihre Macht über dich verlieren. Du wirst auf jeden Fall nicht der Gleiche bleiben, wenn du dich beharrlich an deine Übungen hältst.

Du bist dann so ähnlich wie der Mann, der einige Monate nach seinem Kurs in Sadhana sagte: ›Ich verfahre mich immer noch oft, aber ich lache jetzt öfter darüber und empfinde eindeutig einen stärkeren inneren Frieden.‹«

Oder – wie Anthony einmal mit einem Augenzwinkern hinzufügte: wie der Mann, der sich jedes Mal »in die Hosen machte«, wenn ihn sein Chef zitierte. Der besorgte Chef schickte ihn zu einem Urologen, dieser zu einem Psychologen. »Und der Psychologe konnte dir helfen?«

»Ja. Früher war mir die Sache peinlich. Jetzt macht es mir nichts mehr aus.«

↬

Ein Landstreicher klopfte bei einem Bauern an und bat um etwas zu essen.

»Bist du Christ?«, fragte der Bauer.

»Natürlich«, erwiderte der Landstreicher. »Siehst du das nicht? Schau doch meine Hose an den Knien an. Da hast du den eindeutigen Beweis.«

Der Bauer und seine Frau sahen die durchgewetzten Knie an der Hose und gaben dem Mann unverzüglich etwas zu essen.

Als sich der Landstreicher zum Weggehen wandte, rief ihm der Bauer nach: »Deine Hose ist ja am Hintern auch ganz durchgewetzt. Woher kommt das?«

»Ach, ich falle öfter ins Heidentum zurück«, gab der Landstreicher zur Antwort und machte sich aus dem Staub.

↬

»... so glücklich und so frei ...«

Anthony war zum Philosophiestudium in Spanien gewesen. Dort war er dem Jesuiten Fr. CALVERAS begegnet, der bereits in der Zeit vor dem II. Vaticanum die Meinung vertreten hatte: »Der Gebetsstil der Jesuiten ist zu spekulativ geworden. Ignatius hat beim Gebet großen Wert auf die Gefühle gelegt.«

Anthony war tief beeindruckt davon, dass CALVERAS ihn gefragt hatte: »Wie betest du? Beschreibe mir deine Art zu beten.« Ihm war unwillkürlich der Gedanke gekommen: »Das ist ein echter Guru.« Damit erwachte in ihm selbst der spirituelle Führer.

Ich entsinne mich, dass er mir einmal anvertraut hat: »Eine Zeit lang spielte ich mit dem Gedanken, unter Aufsicht eines Arztes mit Drogen zu experimentieren.« Er wollte von innen heraus wissen, wie das ist, um bei seiner Begleitung anderer aus eigener Erfahrung davon sprechen zu können. Aber soviel ich weiß, hat er nie mit Drogen experimentiert.

Es war für Anthony charakteristisch, dass er alles, was er hatte, mit anderen teilen wollte. Das machte ihm große Freude. Wahrscheinlich hätte er sich sogar augenzwinkernd gefragt: »War ich mit dieser Freude einverstanden?« Da er all seine Lebtage praktisch immer auf einer Entdeckungsreise war, hatte er natürlich immer viel zu teilen: Bücher, Erfahrungen, Anekdoten, Einfälle ... Er gab sich mit Kopf und Herz an seine Entdeckungen hin, erkundete sie genau, experimentierte mit ihnen, testete sie ... Schließlich ließ er etliches davon wieder los, anderes eignete er sich an. Und dann bereicherte er mit seinen Funden andere.

✧

Anthony verstand es durchaus, seine Gaben gut zu verkaufen, und war sich dessen auch bewusst. Ich hörte ihn mehr als einmal sagen:

»Ich kann gefährlich sein. Mit meiner ungeheuren Überzeugungskraft könnte ich sogar den Teufel höchstpersönlich herumkriegen.«

Anthony las die Lebensbeschreibung von Swami Ramdas. Er war von dem Mann fasziniert und schwärmte im Kurs der jüngeren Studenten von ihm. Swami Ramdas gehöre zu den indischen Heiligen, die nachzuahmen sich lohne. Die Studenten ließen sich von dieser Begeisterung anstecken. Das wirkte sich unter anderem so aus, dass sie anfingen, sich wie Ramdas zu kleiden. Es dauerte nicht lange, da liefen sie in *dhoties* (Lendentüchern) und anderen traditionellen Kleidungsstücken herum. Einige in der Gemeinschaft mokierten sich darüber, aber Anthony erklärte kategorisch:

»Junge Leute brauchen ein Ventil für ihre Kreativität. Es ist doch besser, wenn sie dabei auf eine konstruktive ›Mode‹ verfallen. Wäre es euch lieber, wenn sie in Jeans und T-Shirts herumlaufen und Popmusik machen würden?«

Auf dem Heimweg von einem Spaziergang sagte mir Anthony, er wünsche sich dringend, etwas für den Unterricht der Kinder der Armen tun zu können. Daher wolle er in Sadhana zu diesem Zweck eine Spendensammlung veranstalten. Am selben Tag sagte er auch, es sei an der Zeit, dass er Sadhana in andere Hände abgebe.

Ich fragte Anthony, ob er nicht auf das neue Gebäude in Sadhana stolz sei, weil er es ganz mit dem Geld aus seinen Büchern und Vorträgen habe finanzieren können. Da lachte er laut und sagte:

»Dank meiner schlauen grauen Zellen kann ich wunderbar bla-bla-bla machen und dafür Geld einsammeln. Hättest du diese Zellen, würdest du genauso bla-bla-bla machen und Geld dafür kriegen. Was soll ich also stolz darauf sein. Ich kann ja nichts dafür, dass ich diese Zellen habe.«

↬

Eines Abends machte ich mit Anthony einen Spaziergang. Wir diskutierten über Freiheit und Glück. Plötzlich blieb Anthony stehen und schwieg. Nach einigen Sekunden sagte er zu mir: »Ich wollte, ich könnte dir zeigen, was ich sehe. Aber das musst du selbst finden.« Dann ging er weiter und wir setzten unsere Diskussion fort.

Einmal vertraute mir Anthony an: »Könnte ich noch einmal von vorn anfangen, dann würde ich ein Buch wie das über Sadhana nicht mehr schreiben.« Das muss nur wenige Wochen vor seinem Tod gewesen sein. Das Buch über Sadhana war sein am häufigsten in andere Sprachen übersetztes Buch – und er bedauerte, es geschrieben zu haben. Ich weiß wirklich nicht, warum.

Anthony hat uns gesagt, das bewusste Atmen, anna-panna genannt, sei schon seit längerer Zeit die einzige Art des Betens, die er noch übe. Und er schilderte uns das folgende Erlebnis:

»Neulich kam ich mir wie ein verängstigtes Kind vor, friedlos und trostlos. Da führte mich mein Instinkt in den Garten hinaus, und dort konzentrierte ich mich ganz auf meinen Atem. Das hatte zur Folge, dass ich schon bald wieder in mir selbst ganz zur Ruhe kam.«

Ich erlebte Anthony nie schwach. Deshalb hatte ich etwas Angst vor ihm; zuweilen fand ich ihn sogar eher abstoßend, vor allem, wenn er schallend lachte. So hielt ich zu ihm etwas Abstand. Ich glaube nicht, dass ich bereit war, ihm von Mensch zu Mensch zu begegnen. In seinen Briefen wirkte er sehr einladend; aber von Angesicht zu Angesicht wirkte er für mich eher ablehnend. Einige seiner Lieblinge beneidete ich. Meine letzte Begegnung mit Anthony war mir unangenehm. Ich fühlte mich von ihm verachtet. Er sah mich einseitig als kindischen, sich hilflos gebärdenden Menschen. Oder habe ich ihn nicht verstanden?

☙

Als wir einmal gemeinsam das Gebäude von Sadhana zu einem Abendspaziergang verließen, sagte Anthony:

»Mir widerfahren die Dinge. Ich tue eine Menge, aber das plane ich gar nicht alles. Ich fühle mich nur wie das ausführende Organ, durch das sie getan werden.«

Anthony schrieb mir:

»In der letzten Zeit fühlte ich mich nicht besonders wohl. Ich vermute, das hatte mit meinem Blutdruck zu tun, auf den ich schon länger nicht mehr geachtet habe. Na ja, ich denke, ich muss die Lektion lernen, dass ich mit den Jahren nicht jünger werde!«

»Es gibt so viele Themen, über die ich gern etwas schreiben möchte, aber heute ist mir etwas Bestimmtes widerfahren, so dass ich einfach nicht schreiben kann. Letzte Nacht hatte ich ein schreckliches Erlebnis – eines der schlimmsten Erlebnisse meines Lebens – und ich konnte kaum schlafen. Es würde zu lange dauern, das im Einzelnen zu beschreiben, aber es war eine Art Gefühl der Verzweiflung und Angst und eines entsetzlichen Alleinseins ... so, als könne niemand mehr bis zu mir gelangen, niemand mehr mich berühren. Ich fühlte mich völlig von Gott und allen Menschen verlassen.

Schließlich wachte ich mit einer solchen Angst auf, dass ich trotz der großen Kälte am ganzen Leib schwitzte, die Fenster aufreißen und im Zimmer auf und ab gehen musste. Hätte diese Verzweiflung noch länger angedauert, so wäre ich, glaube ich, verrückt geworden. Heute morgen habe ich mit jemandem darüber gesprochen. Ich spüre, dass das eine besondere Art spiritueller Erfahrung ist ... Den ganzen heutigen Tag begleitete mich ein Gefühl der Traurigkeit und großer Müdigkeit, und ich zwang mich, alles Wichtige zu erledigen, das unbedingt anstand ...

N.B.: Bitte mach dir wegen meiner Traurigkeit keine Sorgen – ich hatte sie ähnlich schon früher zweimal, und nach und nach habe ich sie immer wieder ganz gut überstanden.«

↤

»Warum hatte ich so stark das Gefühl, körperlich völlig erschöpft zu sein? Wegen eines seltsamen Phänomens, das in mein Leben gekommen ist: Es sind die Meditationen. Dieser Tage mache ich eigenartige spirituelle Entwicklungen durch. Ich empfinde das fast zwanghafte Bedürfnis, sie in Form von Meditationen aufzuschreiben und sie der Gruppe weiterzugeben. Diesem Zwang kann ich einfach nicht widerstehen. Manchmal verbringe ich bis zu drei Stunden täglich damit, eine solche Meditation zu verfassen ...«

↤

»Es gibt etwas, das ich mehr als dich liebe. Das liebe ich auch mehr als mich selbst. Im Vergleich damit sind wir nichts. Ich bin nichts – im Vergleich mit der Sonne nur der blasse Schein einer Kerzenflamme.«

»Wäre alles gut gelaufen, so wäre ich nach … gekommen. Dennoch bin ich vollkommen im Frieden und genieße es, hier in der Morgenfrische zu sein, aus dem Fenster zu schauen und die heitere Landschaft vor Augen zu haben …, den strahlenden Sonnenschein, den kühlen Wind, die frischen Blätter, die an den Bäumen sprießen und den klaren blauen Himmel. Alles ist derart tief von Frieden und Leben durchdrungen. In diesem Zustand sollten auch unsere Herzen sein, während wir durchs Leben gehen. Ich kann spüren, dass mein Herz sich in diese Richtung bewegt, obwohl ihm noch ganze Berge von Müll und Illusionen den Weg versperren, die erst noch weggeräumt werden müssen. Ich bin glücklicher denn je in meinem Leben.«

✧

»Mich wundert es ziemlich, dass ich trotz der ganzen mit dem Erneuerungskurs verbundenen Arbeit überhaupt nicht erschöpft bin. Allerdings spüre ich in der Brust einen merkwürdigen Druck. Ist das vielleicht eine so genannte Brusterkältung? Jedenfalls fühle ich mich, abgesehen davon, vollkommen fit.«

Am 29. April 1987, wenige Wochen vor seinem Tod, schrieb er mir als Antwort auf meine Bitte, ihn nach seiner Rückkehr aus den USA sprechen zu können:

»Ich weiß nicht, wann oder wo wir uns werden treffen können. Vielleicht siehst du mich das nächste Mal nackt und schweigend unter einem Bodhi-Baum sitzen!«

↩

Zum Schluss noch aus Anthonys letztem Brief vom 1. Juni 1987, am Tag vor seinem Tod:

»Ich spüre, dass sich mein gesamtes Interesse jetzt auf etwas Anderes konzentriert, auf die ›Welt des Geistes‹, und mir kommt alles andere derart oberflächlich und belanglos vor … nie zuvor in meinem Leben habe ich mich so glücklich, so frei gefühlt …«

ANTHONY DE MELLO BEI HERDER

Geschichten, die gut tun – Weisheit für jeden Tag

Hrsg. und eingeleitet von Jörg Lix
13,9 x 21,4 cm, 256 Seiten, Halbleinen – ISBN 3-451-27348-9
Witzig und tiefgründig, heiter, unnachahmlich und weise: Das liebevoll gestaltete Lesebuch versammelt die 365 schönsten Weisheitsgeschichten de Mellos und begleitet Leserinnen und Leser durch das Jahr.

Was weiß der Frosch vom Ozean
Weisheit für Kopf und Herz

13,9 x 21,4 cm, 192 Seiten, Pappband – ISBN 3-451-27595-3
Anthony de Mello vermittelt mit seinen – hier überwiegend erstmals
veröffentlichten – Erzählungen und Parabeln überraschende Wahrhaftigkeit, die sensibel macht für die Spuren des Göttlichen mitten im
Lebensalltag.

Der springende Punkt
Wach werden und glücklich sein

Sonderausgabe
13,9 x 21,4 cm, 224 Seiten, Pappband – ISBN 3-451-27918-5
Eine unkonventionelle Anleitung zu einem Leben frei von Zwängen,
frei von Enttäuschungen. Wer den Mut hat, sich darauf einzulassen,
wird es erleben.

Wo das Glück zu Hause ist

10,6 x 18,0 cm, 32 Seiten, Farbfotos, Pappband – ISBN 3-451-27361-6
Anthony de Mello redet in seinen Geschichten mit einer großen Leich-
tigkeit und Erfahrung vom Glück – sprühende Begeisterung, die
ansteckt. Köstliche Texte, die Mut machen und gut tun!

Momente des Glücks

10,2 x 10,2 cm, 48 Seiten mit Farbfotos, Pappband – ISBN 3-451-27741-7
Botschaften, die der Seele gut tun, die zum Lächeln anregen, die uns
das Glück im Augenblick finden lassen. Mit wunderbaren, hochwer-
tigen Farbfotografien von Klaus Ender.

Weihnachten mit Anthony de Mello
Texte für alle Tage der Advents- und Weihnachtszeit

10,6 x 19,8 cm, 96 Seiten, Halbleinen – ISBN 3-451-27586-4
De Mellos meisterliche Geschichten, seine pointierten Meditationen und ganz praktischen Anleitungen sind voller Inspirationen – und laden dazu ein, mit ihm den Weg nach Weihnachten zu gehen.

Auf dem Weg nach Ostern
Meditationen und Weisheitsgeschichten

10,6 x 19,8 cm, 176 Seiten, Halbleinen – ISBN 3-451-26538-9
In diesem spirituellen und zugleich originellen Begleiter durch die Tage der Fasten- und Osterzeit finden sich brillante Weisheitsgeschichten, die gleichnishaft die Lebens- und Leidensbotschaft Jesu widerspiegeln.

TASCHENBÜCHER BEI HERDER SPEKTRUM:

Eine Minute Weisheit

128 Seiten, Paperback – Band 4985
In kurzen Geschichten und pointierten Erzählungen versammelt de Mello die Weisheit der Welt. Es sind überraschende Texte, die hellhörig machen für das Wesentliche, für Glück und Gelassenheit.

Warum der Vogel singt – Weisheitsgeschichten

128 Seiten, Paperback – Band 4893
Wie in einem Brennglas konzentriert: westliche und östliche, antike und moderne Lebenserfahrungen aus mehr als zwei Jahrtausenden.

Wie ein Fisch im Wasser
Anleitung zum Glücklichsein

128 Seiten, Paperback – Band 5161
Kurze Meditationen über die bedingungslose, reine Liebe.

In jeder Buchhandlung!

HERDER